谨以此书
献给中华书局成立一百周年诞辰！

王建辉 著

教育与出版
——陆费逵研究

中华书局

图书在版编目(CIP)数据

教育与出版: 陆费逵研究 / 王建辉著. —北京: 中华书局, 2012.6
ISBN 978 – 7 – 101– 08537 – 2

Ⅰ.教… Ⅱ.王… Ⅲ.陆费逵(1886～1941)—人物研究 Ⅳ.K825.4

中国版本图书馆 CIP数据核字(2012)第 026833 号

书　　名　教育与出版——陆费逵研究
著　　者　王建辉
责任编辑　梁　彦
出版发行　中华书局
　　　　　(北京市丰台区太平桥西里 38 号 100073)
　　　　　http://www.zhbc.com.cn
　　　　　E-mail:zhbc@zhbc.com.cn
印　　刷　北京天来印务有限公司
版　　次　2012 年 6 月北京第 1 版
　　　　　2012 年 6 月北京第 1 次印刷
规　　格　开本 /880×1230 毫米　1/32
　　　　　印张 6½　插页 6　字数 150 千字
印　　数　1-3000 册
国际书号　ISBN 978 – 7 – 101– 08537 – 2
定　　价　22.00 元

1935年，陆费逵（左五）等在中华书局新置德国凹版印刷大电机前合影。

中华书局上海静安寺路办公场所

中华书局上海澳门路总厂

中华书局出版的部分教科书

中华中学国文教科书

新式修身教科书

中华书局出版的部分教育类杂志

《中华教育界》

《中华童子界》

《中华学生界》

《小朋友》

舒新城与《辞海》

中华书局所获美国巴拿马赛会金牌奖凭

总编辑部

第一洋装部

西文排版课

石印课

中华书局香港分局

目 录

引　子

　　1912 年的太阳像往常年度一样的照耀着。一个二十六七岁的年轻人,并不知道他此刻所做的这一切,在不知不觉间改写了中国近代以来的出版史。这一年是中华民国元年,一个新的书业机构宣告成立,它取号与新的共和国相同——中华书局。后来的历史证明,这个书局的诞生,是近代中国文化史上的重要事件之一。这个富有野心的年轻创始人,曾经是中国最重要的出版机构商务印书馆的重要职员,1908 至 1911 年,他就职于这家后来被称做中国近代出版之始的出版机构。

　　这个年轻人名叫陆费逵,字伯鸿,又字少沧,1886 年出生,雁行居长为家中长子,祖籍浙江桐乡,出生地是陕西汉中,长在南昌。虽然终其毕生并没有到过桐乡,但他却一直自认为是一个桐乡人。陆费逵早年入熊育锡所办的熊氏英文学塾附设日文专修科,深受教师吕烈煌器重,后任正蒙学堂校长。1904 年随吕烈煌至武昌,创办新学界书店,入日知会,为评议员。1906 年与冯特民一起接办汉口的《楚报》,任主笔。因著文抨击时政,《楚报》被迫停刊。陆费逵逃到上海,任昌明公司上海支店经理。1907 年入文明书局,做了编辑。最早年的这一点经历预示着日后他将与出版终身为伴。

　　将陆费逵引入商务印书馆的,是商务印书馆老资格的编辑高梦旦。有人将高梦旦称为商务印书馆创业三元老之一,也有人将高梦旦称为商务印书馆的"参谋长"。高梦旦和陆费逵原本非亲非故,只是与当时在文明书局的陆费逵常有事务性的会面,高惊其才干,便向商务印书馆作了推荐,经张元济同意后,以重金聘入馆内,待遇之优为馆中旧人所不能及。高梦旦注重人才,与张元济两人均特别看重陆费逵,共商委以出版部部长、《教育杂志》主编的重任,高还作主将自家侄女嫁给陆费逵,目的很明确是"欲坚其心",为商务印书馆留住一个日后可堪大用的人才。

此时正值辛亥革命前夕,十几年前中国发生变法维新运动。在这十年间,维新与革命的变奏成为中国的主旋律。陆费逵曾是日知会会员,他预料清朝统治会被推翻,革命一定会成功,当此之际教科书必定有大的改革,于是曾向商务印书馆当局提出革新教科书,但未被采纳。因为商务印书馆的决策者张元济以至高梦旦,这时是立宪派,正热衷于立宪,没有看到世事与时局变化在即。张元济是戊戌变法的参与者,虽然只是边缘。变法流产后,"中国向何处去"成为有良知的中国人的探求目标。梁启超等在日本办《新民丛报》,继续鼓吹变法,章太炎等则在上海发表《驳康有为论革命书》鼓吹革命。爱国者起了分化。"共和"与"立宪"之争,势同水火。维新变法的志士们,面临着一种角色变换,面临着一个思想转弯。张元济没有能转过这个思想弯子,对于立宪仍然抱着善良的幻想。①

一种新的政治制度确实需要一套表达新的价值观念的教科书。陆费逵说服不了商务印书馆的决策者们,便决定自己动手来编辑一套新教科书。1910 年正月,商务印书馆的同仁们就发现了一个事实,决策者们也曾议论陆费逵"在外私编教科书"的事,公司甚至也有人主张"将其书买入",②但可能是反对者众,公司并没有将陆费逵的行为纳入公司的业务。辛亥革命的爆发更坚定了陆费逵的意志,更促成了他从坐而论到起而行,加快编

① 李思敬:《百年读史的思绪》,《出版广角》1998 年第 2 期
② 蒋维乔:《蒋维乔日记》,《出版史料》1992 年第 2 期,第 59 页

辑新教材。而商务印书馆此时也遇到了困境。因为总经理夏瑞芳一意孤行,擅自挪用巨资购买橡胶股票受骗,公司流通资金吃紧,面临倒闭。陆费逵利用商务印书馆内部之乱,与同在商务印书馆任职的几个员工陈协恭(寅)、戴懋哉(克敦)等二三知己,在家中秘密谋划和编辑教科书,筹资准备成立新的书局。这是1911 年秋天甚至更早的事。

1912 年民国纪元的第一天,新的书局宣告成立,并在当时上海最大的报纸《申报》刊出《中华书局宣言书》。发表宣言大约是那个年代的一种风气,比中华书局稍晚一年成立的亚东图书馆也有过一篇《上海亚东图书馆宣言》,[①]但后者比不上前者,早出的中华书局这篇宣言立意更为高远,它注定要成为名文。中华书局宣言书全文由三部分组成,开宗明义地说:"立国根本,在乎教育。教育根本,实在教科书。教育不革命,国基终无由巩固。教科书不革命,教育目的终不能达也。"后面一段谈中华书局成立之缘由和目的,更像一则"形象广告"。再后是具体的教科书编辑大意。从这篇宣言,可以窥见陆费逵的手笔之大与志向之远。

书局名称与新的国号相同,这明显是有意地借势。但这可能是挂牌,正式营业在 2 月间。据同是创办人的陈寅(字协恭,1882—1934)说:"中华于民国元年元旦成立,2 月 22 日开始营业,伯鸿是辛亥大除夕(2 月 17 日)进局的,我却先三个月。"[②]这段回忆很重要。说明当时的陆费逵确实是在悄悄地进行,其时职任还在商务印书馆。陈寅在中华书局创办仅一年时有一段文字,留下了直接的史料:"客岁革命起义,全国响应,阴历九月十三(11 月 3 日),上海光复,而苏杭粤相继下。余于九月十六

①　《上海亚东图书馆宣言》,见于汪原放:《回忆亚东图书馆》,第 23—24 页,学林出版社 1983 年
②　陈协恭:《中华书局一分子的话》,《中华书局图书月刊》创刊号(1931 年)

日(11月6日),与同志辈共议组织中华书局。良以政体改革,旧教科书胥不适用,战争扰攘之际,未遑文事,势所必然。若以光复而令子弟失教,殊非民国前途之福也。协商数日,遂定议,一面编辑课本,一面经营印刷改造事宜。"①新书局营业的第一项业务就是推出适合新共和政体的教科书——《中华新教科书》。这套书包括中小学全套的国文、算术、地理、理科等,其中小学课本 44 种,中学和师范课本 27 种。初小国文课本第一册首页印有南京临时政府制定的五色国旗。②

这套教科书弄得商务印书馆措手不及,因为他们供给学校的教科书还是老本子,封面上仍印着清朝的"黄龙旗"。新的五色旗与旧的黄龙旗的竞争,可想而知,商务印书馆的教科书注定将严重滞销。而陆费逵们还有高招,他们在书局新张的头两三个月里,多次买下了上海最大的报纸《申报》不小的版面,向社会公开祭起了"教育革命"的大旗。在一个革命的年代里,陆费逵有意地借用了"革命"的威力,中华书局教育革命宣言的屡屡公布,既树起一个新书局的新形象,也对一个规模最大的老书局暗藏攻势。待到商务印书馆醒悟过来不得不对教材做出修订时,已错过了春季学期。

陆费逵终于在商务印书馆独占的教科书市场中打入了第一个楔子,撕开了一条缝隙。历史不能不承认陆费逵的机敏,他对于形势的判断,对于时机的选择,对于新教材的认定,都把握得可谓恰到好处。教科书的出版与使用是具有相当的稳定性与连续性的,如果不是一个特殊的机缘,要改变教科书格局是相当不易的。陆费逵的杀出,正是利用了张元济们的短视。张元济何等人物,晚清翰林出身,与蔡元培过从甚密的智者,但智者千虑,也免不了一失。对于陆费逵此举,即陆费逵利用商务印书馆决

教育与出版——陆费逵研究

① 陈寅:《中华书局一年之回顾》,《中华教育界》1913 年第 7 期
② 王建军:《中国近代教科书发展研究》,第 314 页,广东教育出版社 1996 年

· 4 ·

策人在辛亥革命期间眼光不远,而从商务印书馆杀出成立中华书局,世人尤其是商务印书馆人多所诟病。高梦旦为此还被人责怪为引狼入室,赔了侄女又折兵。经张元济出来说话,议论才被止住,张说:"梦翁失算,赔了夫人又折兵,不必多行责怪。"陆费逵此举是否违反竞争道德,暂且不论,他脱离商务印书馆虽然是商务印书馆的一失,但对于商务印书馆,又何尝不是一得? 因为从此,一家独大的商务印书馆多了一个真正意义的竞争对手,现代工商业的发展从来靠竞争,这是绝对规律,从这个角度看,中华书局的出现不也是对商务印书馆发展的一大促进吗? 从中国出版史的角度看,中国从此又有了一个可与老大匹敌的出版机构,确实应该是一个历史的大进步。

　　这个人是注定要出现的,在这样一个大时代,在这样一个出版作为公共传播方式日益进入公众视野,进入公众生活领域,并对社会发挥重要作用产生重要影响的关头。中华书局因了他一炮打响。而中华书局的崛起,可以说是中国新出版业及其现代化进程中最重要的事件之一。从此,中国近代出版呈现出新的格局。

　　大幕徐徐拉开,活剧壮剧与好戏上演了。

第一章　前中华书局时期

中华书局依靠教科书做出版一炮打响，不是一件偶然的事件。从陆费逵的角度说，他此前差不多有七八年的出版资历。陆费逵是 1908 年进入商务印书馆的，到 1912 年元旦成立中华书局，他在商务印书馆供职 3 年多，加上在进入商务印书馆之前，也还有过一段出版经历。从陆费逵的前中华书局时期来看，此君在政治和经营方面都很有远见，并对教育和教科书有过很深入的研究，曾与丁福保等合编过《文明国文教材》、《文明教科书》、《文明算术教科书》，并写有《论我国教科书》、《论中国教科书史》、《论各国教科书制度》等。这七八年正是一个人职业生涯可以进入成熟期的预备时间。

一、在商务印书馆之前

据说早在少年时代，陆费逵就梦想成为一个出版家，这似乎与他的先祖从事过编辑出版业也有一定的关系。据他在《增辑〈四部备要〉缘起》中说："先太高祖宗伯公，讳墀，通籍入词林，四库全书开局，以编修任总教官，后任副总裁，前后十年，任职之专且久，鲜与匹焉。"陆费逵是陆费墀的后代。照他的说法，陆费墀不仅是一个编辑人物，而且还是一个很重要的编辑家。可见他对乃祖的学术与事业是十分向往的。

为什么选择书业做了终身的职业？陆费逵曾有一篇文章《我为什么献身书业》，文中谈到两个动机，一个动机是买书困难，一面是经济困难，一面是购书不易，于是办个书店，一面营业一面有书可看；还有一个动机是"研究书业的前途，觉着希望很大"。① 这两点与和他差不多同时代进入书业并创办了亚东图书馆的汪孟邹的说法颇为类似，汪当时从事书业，一是要"购阅当时的新书"，一是早年有过经营书店的经历。②

陆费逵常常回顾自己的出版生涯："我十八岁那年（1903年）在武昌教书，有几位朋友，因为买书贵而费事，于是开一家小书店。黄镇磐君领东（这是湖北商界习语，意谓股东之领袖），我任经理，到现在恰恰三十年了。后来我任昌明公司上海支店经理，又进文明书局任事二年弱，进商务印书馆任事三年强，到中华书局任事差不多二十一年。"③这是 1932 年 6 月写的一段话，简要回顾了他此前的书业生涯。从这段话看，他一生与几家出版机构有关。从小书店到昌明公司，再到文明书局，继入商务印书馆，最后创办中华书局，其中至少有两家是他创办或参与创办的。

这便说到了他从事出版业第一个直接的动因，就是他与他的朋友们要买书感到困难，便想起了要办书店，一面营业，一面有书可看。于是凑齐 1500 元股本，于 1904 年秋间在武昌横街办起了这家"新学界"书店。差不多此前一年，商务印书馆在汉口创办了它的第一家分馆，张元济也辞去南洋公学职进入商务印书馆。陆费逵在新创办的这家"新学界"书店任经理，书店发

① 陆费逵：《我为什么献身书业》，《中华书局月报》1922 年第 2 期

② 汪孟邹：《我与新书业——答萧聪先生》，《出版界》第 46 期，《大公报》1947年 8 月 24 日

③ 陆费逵：《六十年来中国之出版业与印刷业》，张静庐辑注：《中国出版史料补编》，第 272 页，中华书局 1957 年

售《警世钟》、《猛回头》、《革命军》等革命书刊,创办初期便略有盈余,赚了 1000 余元。作为经理,月薪是前半年 6 元,后半年 10 元。但这段经历很苦,大约是年轻人对于这样的艰苦还没有耐心,一年左右后陆费逵从书店退出了。

　　陆费逵第二次与出版业有直接关系是任昌明公司经理。昌明公司也是一家图书公司,在上海与汉口两地都有业务。关于昌明公司的建立有两种说法。一说是 1904 年春陆费逵与一帮朋友在武昌创办的,还在新学界书店创办之前约半年。一说昌明公司原在上海,后将本店移往汉口,留支店于上海,朋友们要陆费逵作支店的经理。也就是在这个时候,陆费逵对当时书业的前途做了研究,并以日本作为参照对比,认为中国的书业可以做到一定的规模,"吾人投身其间,不惟可改良书业,且易出人头地"。① 既然可以大有作为,他从此便潜下心来从事书业。这一年应该是 1905 年。此说有陆费逵本人的回忆作为佐证。②

　　陆费逵服务的第三家出版机构是文明书局。文明书局成立于 1902 年,由俞复(号仲还,无锡人)、廉泉在上海创办,以出版教科书为主,是我国最早编辑出版教科书的出版机构。在商务印书馆进入教科书领域前,文明书局是出版教科书最为齐全的,在中华书局成立前,它是商务印书馆在教科书方面的主要竞争者。1906 年清学部公布第一次审定初高小暂用教科书书目,共列教科书 102 种,其中商务印书馆 54 种,占总数的 53%;文明书局 30 种,占总数的 29%。1910 年清学部公布第一次审定中学堂初级师范学堂暂用书目,列 22 家民间及官方出版机构产品 84 种,其中民间出版机构中,商务印书馆 30 种,文明书局 7 种,其他几家都只占 1 至 2 种。清末学部官方设立编译图书局,所

_____

　　① 陆费逵:《我国书业之大概》,俞筱尧、刘彦捷编:《陆费逵与中华书局》,第 463 页,中华书局 2002 年

　　② 陆费逵:《我为什么献身书业》,《中华书局月报》1922 年第 2 期

颁布的教科书体例编辑大意,大半仿效文明书局和商务印书馆两家,各家教科书也多以两家为基准。① 1925年,陆费逵曾这样回忆:"其时我入文明书局,与俞、丁诸君编国文读本、修身、算术等,仅出三四册,颇觉一新耳目。最近中华书局出版俞复、戴克敦所编新小学读本前五册,尚用该局作品不少。"②然"文明资本仅十万元,不能发展,书亦未出齐"。③ 编辑了一套与教科书相类的新书,"因资力不足,未完成"。他在文明书局近两年,所任职务无名目,"但编辑、印刷、发行件件都管,仿佛现在通行的襄理",每日工作十余小时,增加经验不少。④ 陆费逵后来的发展以及侧重教科书的编辑,应该说与这一段经历关联很大。

有一件事值得一提,就是在这个时期陆费逵编辑了中国近代最早的出版业务刊物《图书月报》。陆费逵从一开始就是这个刊物的重要人物。这个刊物是由1905年10月成立的上海书业商会编辑出版的,其全称是《上海书业商会图书月报》,1906年7月创刊。从仅出的三期目录上看,似乎主要是由陆费逵撰稿。陆费逵很看重这段经历,曾自认"书业商会也一定是我的终身伴侣"。⑤ 高梦旦也正是在书业商会的活动中,发现他是个人才而将他引入商务印书馆的。

当时上海至少有两个以上的书业行会组织,一个是以老书店为主的书业公所,一个是以新书局为主的上海书业商会,当时旧书业比新书业多,参加书业商会的似较公所为少,《图书月

① 王建军:《中国近代教科书发展研究》,第312、313页,广东教育出版社1996年

② 陆费逵:《论中国教科书史》,陈学恂主编:《中国近代教育史教学参考资料》上册,第635页,人民教育出版社1987年

③ 陆费逵:《论中国教科书史序》,张静庐辑注:《中国近代出版史料初编》,第213页,中华书局1957年

④ 陆费逵:《我的青年时代》,《新中华》1934年第2卷第6期

⑤ 陆费逵:《〈书业商会二十周年纪念册〉序》,《青年修养杂谈》,并见《陆费逵教育论著选》第338页,人民教育出版社2000年

报》第二期载入商会者为22家。在1911年前参加书业公所的为110多家。两个行业组织有重复参加的,之所以有两个书业行会组织,其因由大抵新书业有版权,旧书业多无版权。"书业商会之设,入会者率皆新书局店,宗旨所在以组织版权会为第一。于石印局所本无关系也。今春旧书业亦有书业公所之设,举席君子佩、俞君仲还、夏君颂莱为会董,夏君辞谢不往。于是分合之问题以起,然赞成合者不及十一。何(澄一)、陆(费逵)、夏(颂莱)三评议员持之尤力,遂议决暂分不合,盖新旧性质迥不相侔,分则两利,合则俱伤,且使业旧书者若编纂教科是亦新矣。否则《三国》、《水浒》、经史子集等本无所谓版,亦即无取于组织版权会也"。[①] 1930年,上海的书业行会组织奉政府令,改组为一个书业商民协会,又称上海书业公会,陆费逵当选为主席。这是后话。

上海书业商会也就是陆费逵参加并发挥重要作用的一个行业组织,他是这个商会的三个评议员之一。《图书月报》这个杂志由当时在昌明公司任职的陆费逵负责编辑,上有陆费逵编辑的署名。载有《著作家之宗旨》、《对于立宪论旨敬告同业》、《论我国教科书》、《最昂价之书籍》、《中国书业发达预算表》等文,其中许多文章是陆费逵自撰的。这个刊物只出了三期即告停刊。从这个刊物刊出的文章看,陆费逵对于出版业已经有了比较深的了解与理性思考。陈独秀后来办《新青年》时说:"凡是一种杂志,必须是一个人一团体有一种主张不得不发表,才有发行的必要。若是没有一定的个人或团体负责任东拉人做文章,西请人投稿,像这'百衲'杂志,实在是没有办的必要,不如拿这人力财力办别的急于要办的事。"[②]这是经验之谈,陆费逵在早期办刊实践中就已经这样做了。

---

① 详参原放:《从〈图书月报〉谈起》,《出版史料》1990年第4期

② 陈独秀:《新出版物》,《新青年》第7卷第2号,1920年1月1日

应该说,陆费逵在进商务印书馆前就已经有了一定的出版工作资历,也就是从他进入文明书局和编辑《图书月刊》起他就投入出版业了。汪家熔先生说认识陆费逵要从 1906 年始,或有相当道理。① 当然如果从 1904 年起,也是说得过去的。他在这一段经历中,第一次感受教科书,第一次懂得资本对于教科书与出版的重要性。对陆费逵早期经历有重要影响的文明书局,后来(1915 年)并入中华书局,如果说按现今一些学校定校庆的时间愈早愈好这样一个规则的话,中华书局似乎可以按文明书局成立的时间算,向前移到 1902 年。

除了编辑生涯外,陆费逵还有其他的资历。在武昌的两年半对于他一生是有影响的。一是他在这里有了编辑出版的初始经历,二是他在这里受到革命的熏陶。早年在武昌参加日知会,用他自己的话说是:"18 岁到湖北,便与党人往来,后来组织日知会我是干部之一,会章便是我起草的。"② 从新学界书店退出后做过三个月的《楚报》主编之一,这一段经历确很重要,对于他从商务印书馆杀出起过相当作用,因为他以自己的经历对共和充满信心,认为革命定能成功,教科书必定改革,正是另干一番事业的大好机会。形成对照的是张元济,"是时革命声势,日增月盛,商务同人有远见者,均劝菊生,应预备一套适用于革命后之教科书。菊生向来精明强干,一切措施,罔不中肯。然圣人之虑,必有一失,彼本有保皇党臭味,提及革命,总是摇首。遂肯定地下断语,以为革命必不能成功,教科书不必改"。③ 不好说张元济具有保皇党臭味,但张却是一个积极的立宪派,这一点确使其误判形势,错失商机。

---

① 汪家熔:《陆费逵人品和创办中华书局动机考辨》,《中国编辑》2006 年第 1 期

② 《陆费伯鸿先生年谱》,第 63 页,台湾中华书局 1977 年

③ 蒋维乔:《创办初期之商务印书馆与中华书局》,张静庐辑注:《中国现代出版史料丁编》下册,第 398 页,中华书局 1959 年

从以上看,陆费逵从事出版的因由确如他曾自述的:第一,他19岁时因感买书不便,遂自动地欲开书店。第二,书业大有可为。他认定外国人因为言语不通文字不习,不能控制我国书业,而旧书商多无识,吾人投身其间,不惟可改良书业,且易出人头地。① 不过还要细述的话,可能还有第三条,则是当时完全由中资掌握的书业很少,这就是他在《图书月报》创刊号上所说的,"以堂堂大中国,竟无一完全自立之书籍商"。有志于改变这一现状,未尝不是他从事书业的一个因由。几年后他以"完全华商自办"作为与商务印书馆等同业进行竞争的口号,乃是这后一点的放大。

二、商务印书馆的重臣

有了前面三家出版机构的磨砺和铺垫,陆费逵的机会快来了。

蒋维乔回忆:"约在民国前三年间,高梦旦常代表商务,出席于书业商会,屡与文明书局代表陆费伯鸿见面,谈论之下,大奇其才。盖经营书业者,有发行印刷编辑三大部分,互相联系,然能发行者未必知印刷,能印刷者未必知发行,能编辑者更不知发行与印刷。唯陆氏既能操笔编书,又于发行印刷,头头是道,故梦旦佩服之。归言于菊生,以为如此人才,文明(书局)竟不能识,屈居普通职员,商务应罗致之。于是以重金聘为出版部

---

① 陆费逵:《我国书业之大概》,《中华书局月报》1922年第4期

主任。"①

陆费逵是1908年秋入商务印书馆的，初入商务印书馆时在国文部任编辑员，在编译所是最年轻的编辑，他的工作能力和热情很快得到承认。这从他承担的两项重任就可得到明证。

先是商务印书馆馆方让其组建出版部，第二年就出任出版部部长，是第一任部长。这是编译所很重要的一个部，惯例是由重臣担任的，是所长的主要助手。后来二十年代初，曾将陆费逵引入商务印书馆的高梦旦将商务印书馆编译所的所长职交给王云五时，即退任出版部长。

接着第二年创办《教育杂志》并任主编。在中国开办的教育方面的杂志，此前有罗振玉和王国维办的《教育世界》，这是我国创办最早的教育类杂志，1901年创办于上海，1908年停刊。开办一个新的教育类杂志的创意来自陆费逵，一则当时的上海乃至全中国还没有一份杂志可以供教师们交流经验和沟通意见，陆费逵所在国文部是专门处理学校用书的部门，从实际的观察中感觉到办一份教育杂志的必要性；二来商务印书馆推行主要业务教科书，需要一个与教师往来的平台与纽带，合二为一办一个教育刊物实在是一个好主意好办法。中国的事情常常是这样的，谁提出谁去办，陆费逵也应了这个常规，也就成了《教育杂志》编辑和主编，这个杂志将西方和日本教育的最新理论介绍给读者，同时报导中国公立和私立学校的发展情况，也报导教育领域的新闻，不仅在当时成为中国最重要的教育刊物，在今天也成为研究清末民初中国教育的重要资料。创办《教育杂志》不论是对于陆费逵，还是对于商务印书馆，都是一件重要的事。对于商务印书馆来说，它太需要这样一份刊物，张元济自己说：

---

① 蒋维乔：《创办初期之商务印书馆与中华书局》，张静庐辑注：《中国现代出版史料丁编》下册，第397页，中华书局1959年

"《教育杂志》销路既增,势力必随之而长。"[1]也就是说,商务印书馆对于教育和出版的影响会极大地加强。后来开明书店的老板章锡琛也看得很明白:"《教育》(杂志)原由陆费伯鸿创办主编,以讨论教育学术为名,实际的目的把它作为推广教科书的工具,通过杂志与各学校取得联系。杂志上附印一张学校调查表,各学校把表上所载学校名称、校长教职员姓名、全校班次、学生人数和所用教科书等项填明寄去,可赠送杂志一年。"[2]陆费逵在教科书发行方面确有一套办法。可见这个杂志对于商务印书馆在推销教科书及其他业务方面的作用。对于陆费逵来说,这个杂志也是一个不可多得的平台,如他自己所言,他一面主编《教育杂志》,一面发表自己的主张。[3] 所谓他的主张,主要是教育方面的思想见解。他在这一时期的重要论文,有《缩短在学年限》、《减少授课时间》、《小学堂章程改正私议》、《普通教育当采用俗体字》、《论各国教科书制度》、《采用全日二部教授》、《论今日学堂之通弊》、《男女共学问题》、《世界教育状况序》、《论中央教育会》等。而这些文章的基本思想和素材,多来自于他在主编这份刊物的过程中的所思,如《小学堂章程改正私议》一文所表达的意见,对于清廷 1904 年《奏定学堂章程》所作的批评,便是利用《教育杂志》给读者的调查表为基础的。[4]

　　陆费逵在商务印书馆是作为重臣得到重用与信任的。他能

---

　　① 《张元济书札》(增订本),第 956 页,商务印书馆 1997 年

　　② 章锡琛:《漫谈商务印书馆》,《商务印书馆九十年》,第 114 页,商务印书馆 1987 年

　　③ 陆费逵:《我青年时代的自修》,《陆费伯鸿先生年谱》,台湾中华书局 1977 年

　　④ 据有关资料,清直隶学务处在天津也曾办过一个《教育杂志》,半月刊,发行时间为 1905—1911 年,1906 年 4 月起改称《直隶教育杂志》,但在刊眉仍标称《教育杂志》。此外奉天学务公所于 1912—1913 年、安徽教育学会于 1915 年、广东省梅县教育会于 1915—1917 年、武昌师范大学于 1923 年,均曾以"教育杂志"为名创办过刊物。陈科美主编:《上海近代教育史》,上海教育出版社 2003 年

够出入张府,过年时张元济曾邀高梦旦、蒋维乔、陆费逵、孙毓修数人到寓所畅叙,①商谈有关商务印书馆出版业务大计,要知道,其他几人都是商务印书馆的老人与长者。陆费逵还兼任过交通(即公关)部长、师范讲义主任等职。而据研究商务印书馆馆史的专家汪家熔说,在商务印书馆馆内兼职的人,都是极受重视极能干之人。而陆费逵兼着三个部长级的职务,可以想象他的能力和商务印书馆对他的信任之深。②

　　陆费逵曾回忆,虽然他在商务印书馆的职务加重,工作增多,但却有一些悠然自得,"知我者恭维我善调度,不知者说我不做事"。看来他是举重若轻的那种类型。陆费逵在商务印书馆是努力的,曾自述:"余为商务印书馆编高等小学商业教科书,前三册出版未及一年,再版四次。"③高梦旦看中这个人才,将自家侄女高君隐嫁给陆费逵为妻,新郎在结婚的第二天即上班,商务印书馆的另一重要人物蒋维乔曾有一诗调侃:"底事翩翩陆伯鸿,昨宵婚媾太匆匆。百花生日春光好,又负香衾来作工。"④从这件小事可以看出,陆费逵实在是一个工作狂。商务印书馆的工作方式是编著合一的,商务印书馆的编辑人员要为本馆提供书稿,陆费逵在商务印书馆三年间编纂之著述有:《简明修身》、《最新商业修身讲义》、《伦理学讲义》、《学校管理法讲义》。⑤

　　在商务印书馆几年的磨砺,陆费逵的羽翼丰满了。经过20

　　① 张树年主编:《张元济年谱》,第84页,商务印书馆1991年
　　② 汪家熔:《近代出版人的文化追求》,第173页,广西教育出版社2003年
　　③ 王震:《陆费逵年谱》,《出版史料》1991年第4期
　　④ 汪家熔注:《蒋维乔日记选》,1909年农历二月十二日,《出版史料》1992年第2期,旧俗这一天为"百花生日",故蒋诗中有"百花生日春光好"之句。并见王震:《陆费逵年谱》,《出版史料》1991年第4期
　　⑤ 《陆费伯鸿先生年谱》,第71页,台湾中华书局1977年

世纪第一个十年的风风雨雨和前中华书局时期七八年的历练，陆费逵已然是一个成熟的职业出版人了，从商务印书馆走出去寻求一片更大的天地，是陆费逵对于形势的分析与研判，也是对他自己个人价值的估量与权衡。据说商务印书馆为了挽留他，曾许月薪 400 大洋。但陆费逵决意自己出去创一番事业。商务印书馆培养了自己的竞争对手，或者说使自己未来的对手得到自己的生养与滋润，商务印书馆以后还将制造一批自己的"劲敌"，像章锡琛从商务印书馆杀出成立开明书店等。商务印书馆是近代中国出版的工作母机。作育中国出版的人才，这也正是能做成大事业的商务印书馆的一种王者之气。

教育与出版——陆费逵研究

第二章 中华书局前三十年

历史的场景展现给我们的是,陆费逵1912年创办中华书局,与中华书局共命运30年。这家新成立的文化企业的全名是中华书局股份有限公司。中华书局是辛亥革命引起的文化变革、教育转型的直接产物,由陆费逵拟定的成立宣言即宣称,这家出版机构的出版宗旨是:1、养成中华共和国国民;2、并采人道主义、政治主义、军国民主义;3、注重实际教育;4、融和国粹欧化。这篇宣言立意高远,这几条宗旨从此定下中华书局前30年的发展基调。

一、初期的发展

1912年中华书局在上海成立的时候,距离张元济们创立商务印书馆已经15年。中国近代出版这时候经由商务印书馆导夫先路,已经度过了它的童年。此时,整个中国近代社会处于剧烈的转型时期。在政治上,上海虽远离武昌,但共和之风并不比首义之区稍弱,而经济的发达和中西文化交汇程度已为中国之冠,这就更为出版业提供了必要的经济基础和技术条件。新式教育之下的新式学生人群和新式出版的大众化读者群也已然兴起,这也就是新出版的广大市场。这一切就是中华书局成立之初的社会环境。

　　这样的环境,对于中华书局初期的发展其实是有利的。1912 至 1916 年可以说是中华书局发展的第一个阶段。创办之初,人员少,资金少,创业之艰,从陆费逵后来的一段回忆可见:"我在民国元年本局刚开办的时候,忙得吃饭的工夫都没有,当时一面办事一面吃面包,后来在店,有时无暇吃晚饭,夜间另有事,又不能回家吃饭,便买一个铜元的粥、一个铜元的罗卜干,就是我一顿夜饭。"①对这种吃苦精神,同为创业者的陈寅的一段回忆也能传神:"开办之初,恒以一人兼数役。自朝至夜午,无片刻暇。其后人才日众,乃克分职。"②这番辛苦是值得的,因为中华书局在新教科书中抢了先机,拔得头筹。

　　中华书局是以教科书起家的。中华书局密谋教科书革命,一面改造教科书,一面将教科书上报民国新的教育部以取得支持。而当时新成立的民国还没有教科书审定的指定,中华书局参前清政府的成令上报,以取得主动和支持。几个月后,教育部才有了批复,一面指出"诸书凡应修改处皆已详示书端,应即照签改正",一面给予宽容,"现在学堂应用方殷,固未便力求完美,致稽时日。准择其便于抽印者先行改正,其余暂用校勘表,即作为初等小学第一二年级、高等小学第一年级教师及学生暂用之书"。③

　　中华书局草创时的资本情况,初为陆费逵、戴克敦、陈寅三人合资,1912 年加上沈颐、沈继方为五人合资,初时资本为 2.5 万元。中华书局创办人,即此五人。1913 年增资到 10 万元,1914 年资本增至 60 万元。

---

　　① 陆费逵:《修养杂谈》,转见《陆费伯鸿先生年谱》,第 82 页,台湾中华书局 1977 年

　　② 陈寅:《中华书局局报》第 1 期,1913 年 1 月

　　③ 汪家熔辑注:《中国出版史料》近代部分第二卷,第 548 页,湖北教育出版社 2004 年

　　运行一年后的 1913 年,中华书局以下三件事情是值得记载的。一是陆费逵着手改进组织机构,将中华书局改组为股份有限公司,并订立各种规章制度。以股东大会选举了十一名董事,二名监事,采取立法、监察、执行三权分立的方式管理企业。董事会负责议决立法及重大事项,监察负责监督稽查一切,局长具体执行局务,下管编辑、事务、营业、印刷、发行五所。二是在国内重要城市设立分局,迅速达到 13 处,这一年陆费逵到全国各地视察和调查书籍销售情况,他对股东会报告说:"各省销数,大概有分局者较佳,以供应足而呼应灵也。今年分设之湘、鄂、晋、豫及长春、保定等局,成绩皆有可观。本年三个月之贸易,已足抵客岁全年而有余。"①至 1916 年有分支局 40 处。三是这一年,范源廉被聘请为中华书局的编辑长,并选为董事。范是梁启超的学生,曾任教育总长,在政界有一定影响,与社会的联系更广,知名度远比陆费逵更高,请其掌编辑事务是一种资源,既能使中华书局的声誉上涨,而陆费逵让出编辑事务后更可集中精力于经营管理。陆费逵在庆祝中华书局 20 周年的文章中,就充分肯定了范源廉进局后在编辑事务上的贡献。1914 年至 1916 年间,陆费逵又在董事会中增加唐绍仪、王正廷、梁启超等宦海名流、学界巨子为中华书局董事,试图进一步扩大中华书局在政学两界的影响。

　　1916 年是个重要的年份。陆费逵对于书局发展前途充满信心和决心,用他自己后来的话说是"大势所迫,不容以小规模自画矣"。② 陆费逵数招连发,一是对原有的机构进行改造,将原来的营业所改为总公司,独立于其他四所之外,原发行所改为上海店,二是将全部资本金都投入到固定资产中。这一年在静安寺路的总厂建成,在河南路口的总店五层大楼也相继建成,编

---

①　陈世觉:《我的回忆》,《回忆中华书局》上,第 177 页,中华书局 1987 年

②　陆费逵:《中华书局二十年之回顾》,《中华书局图书月刊》创刊号,1931 年

辑所及印刷所全部迁入。印刷机器多达数百台,陆费逵很大气地进行印刷设备的更新,添置大橡皮机和铅版机套印彩色。凭此一举,中华书局在全国彩印方面跃居领先地位。三是增集股本,这一年拟扩资到 200 万元,实际扩资到 160 万元,短短四年,资本增值 64 倍。并附设藏书楼于编辑所楼上。这一番改造之后,总分局职工 2000 余人。由于这一年的发展,反映在 1917 年上半年营业额即达到 1000 万元。这在当时确实是一个不可超越的数字。

中华书局以出版发行适应形势要求的新教科书旗开得胜。她的来势太猛了,陆费逵的雄心让中华书局用短短的几年,把中国出版业的其他机构远远地甩在后面不说,更与比它早 15 年成立的出版业老大形成对峙。而且在初期的竞争中,中华书局异军突起,而商务印书馆还似乎处于守势,甚至节节失利。但中华书局的膨胀过速,危机也就要到了。

二、"民六危机"

果然,到了 1917 年年初,中华书局即出现严重危机,这是一次现金流断了的危机,而现金枯竭是企业管理之大忌,早年的中华书局偏偏犯了这样的大忌。资金周转一旦失灵之后,更产生多米诺骨牌效应,中华书局经营不善,外间传闻也不断,存户闻风也纷纷提取存款,数日之内即近十万,致资金更形短缺,至同年 6 月几近停业。危机严重的地步,如陆费逵向第七次股东会报告所说"经济困难已达极点,现已不能支持","今日倘不能解决,明日即无法维持"。当此困难之际,初夏,某方控告陆费逵挪用资金,陆遂被关进牢狱。到 7 月经法院判决将中华书局印刷总厂的机器抵押给信业银行,方获出狱。陆费逵辞局长职,暂任司理。用陆费逵后来的话说是"在最盛之时代,演出绝大之恐慌"。对这场危机,中华书局之人习称"民六危机"。

对于中华书局初期艰难备尝和这一次的危机,陆费逵刻骨铭心,他后来多次说到这个话题。曾谓:"然资力不足,竞争太烈,民国六年几至不能支持。其后逐渐恢复,民十以后,稍能自立。"①在另一文章中,陆费氏说得更为详尽些:"第一由于预算不精密,而此不精密之预算,复因内战而减少收入,因欧战而增加支出。二由于同业竞争猛烈,售价几不敷成本。三则副局长某君个人破产,公私均受其累。"②陆费逵说的原因是资本不足,与商务印书馆等同业竞争十分激烈,副总经理沈知方挪用公款投机失败这三条。为应对危机而组成的调查清理组写出的《调查公司现状报告书》指出致命原因有三:进行无计划为其第一原因,吸收存款太多为其第二原因,开支太大为其第三原因。有此三因,即无时局影响、人事变迁,失败均不免。从研究者的眼光看,主要的是两条:一、由于规模扩张太快,全部资本几乎都投入建厂店及添置新机器变成固定资产,摊子太大,超越了所能承受与掌控的程度,导致资金周转失灵,陆费逵试图能够像"平时营运全恃存款、押款以图周转"③显然不行,犯了战略性的错误;二、由于公司新建内部管理体系尚未健全,至少是不严密,才导致挪用公款的发生,因为不止沈一人,还有长沙分局经理王衡甫也挪用一部分资金。这也是近代中国企业初建过程中的通病。商务印书馆也曾发生过类似的案例,1911 年总经理夏瑞芳挪用公款购买橡胶股票,也曾使商务印书馆陷于困境。商务印

---

① 陆费逵:《六十年来中国之出版业与印刷业》,张静庐辑注:《中国出版史料补编》,第 277 页,中华书局 1957 年
② 陆费逵:《中华书局二十年之回顾》,《中华书局图书月刊》创刊号,1931 年
③ 陆费逵致银行与存户信,转见吴中:《我所知道的"维华银团"》,《回忆中华书局》上,第 213 页,中华书局 1987 年

书馆一干人因此乱了方寸,陆费逵也才能利用这样的良机攻破商务印书馆,取得前四年的发展。陆费逵对此是有检讨的,他在致查账代表的信中自叹:"才短力薄,用人不当,局面过大,御驾乏术,对于股东深用愧悔。"①在 6 月由唐绍仪主持的一次股东会上,陆费逵也承认危机的发生是他本人平时"办理不善,措置不当"所致。陆费逵引咎辞去局长职,退为司理,实际上则还由其具体运作。

此前几乎一路顺风的中华书局欲求出路,便不得已谋求与人合作,遂有与出版老大商务印书馆谈判租盘事宜。这年 5 月,陆费逵在回复股东周静的信中即说:"双方感到竞争之困难,不如联合为方便,可以省却竞争上的耗费。"②从商务印书馆有关人士的记载来看,双方谈合作这件事情的经过是这样的:

大约在 3 月,中华书局就着人与商务印书馆商谈并入事。商务印书馆高层多次商议此事,张元济主张"偏重联合",原因是数年来商务印书馆就因两家竞争剧烈,"所受痛苦太甚,实在办不下去",而且中华书局经营窘境事如泄密,对商务印书馆也不利,"余谓惟彼局危险空虚,乃可议联合。若既已揭破,必有人出为担任继续营业,则竞争愈出轨道,愈见艰难。倘或政府出为维持,则我处更受逼迫。此时彼局只有搁浅而无破产,故彼愈危险,愈当乘机联合,实为一大机会"。③ 早在年初中华书局刚露败相端倪,张就令手下,趁中华书局停掉六种杂志之机,"尽力推销"本馆期刊,"勿失机会"。④ 但因多数人不同意,合并一

① 吴中:《我所知道的"维华银团"》,《回忆中华书局》上,第 213 页,中华书局 1987 年
② 吴中:《我所知道的"维华银团"》,《回忆中华书局》上,第 211 页,中华书局 1987 年
③ 《张元济日记》,第 202 页,商务印书馆 1981 年
④ 《张元济日记》,第 155 页,商务印书馆 1981 年

事悬而未决。张声明"不可宣布商议情形"。① 4 月 10 日，商务印书馆高层内部再次商议与中华书局合并事。17 日商务印书馆董事会讨论与中华书局联合事。董事郑孝胥力主不联合，张元济陈述联合理由，认为"彼急我须缓，但机会到时宜立即攫取，不可失去"。连续几天商务印书馆高层紧锣密鼓进行内部磋商，并与律师等议定有关法律手续，取名"中华商务印书馆"。差不多月底时，张元济与陆费逵见面会商。② 5 月 1 日，商务印书馆再次召开董事会，张元济报告与陆费逵晤谈联合事。郑孝胥认为此事应开股东大会，须印出意见书交股东研究。到 5 月 14 日，因商务印书馆领导层对与中华书局合并意见分歧，一些分馆负责人及傅增湘、王季烈等有影响的股东亦反对联合，董事会议决"停议"。张元济即约见陆费逵等通报商务董事会决定。③ 这种接触前后一个多月。事隔半年以后，12 月 14 日，商务印书馆又召开特别董事会，由张元济报告中华书局代表并该局债主、股东迭次来馆商劝盘受中华书局经过。张力主盘受，郑孝胥反对。与会者同意者居多数。董事会决定由总经理相机应付，以最低价盘受。同时，张元济约宋耀如、孔祥熙等中华书局股东、债主晚餐，谈中华书局盘价事。18 日，商务印书馆董事会第 193 次会议，报告议盘中华书局未成情形。而此前两天的 16 日，中华书局股东会议决改组董事会。④ 至此尘埃落定，两家合并之议宣告结束。在商议过程中，张元济的一些得力助手的态度也颇可注意，高梦旦也反对联合，理由是多一家竞争，对商务印书馆的发展未尝不是一件好事。陈叔通处于两可间，"如双方愿意合并，合并了力量更大；如不合并也有好处，出版界来一个竞争，既推进文化发展也有利于读者，偌大一个中国不是一家

---

① 《张元济日记》，第 196—197 页，商务印书馆 1981 年
② 张树年主编：《张元济年谱》，第 138 页，商务印书馆 1991 年
③ 张树年主编：《张元济年谱》，第 139 页，商务印书馆 1991 年
④ 张树年主编：《张元济年谱》，第 146 页，商务印书馆 1991 年

能吃得下的"。①

这场危机对于中华书局,正如张元济所说是"只有搁浅而无破产",是资金周转不灵而非资不抵债。中华书局的有些大股东和大存款户都明白这个道理。如果用逼债的办法,只有破产清算,那么对于他们来说,将是得不偿失。"当时中华书局全部资产账面值 290 多万元,各项财产中可以变价偿付债务者,如厂址、厂房、营业所房屋、分店房屋以及机器生财各种原材料、仪器等,估计可变卖 90 多万元"。大量存货则无人能收购,只能按废纸计。所以如果以清算办法,股东和债权人只能收回 1/3,如果能够维持,用分期偿还的办法,则债权人可以将资金全部收回,股东还能得到盈余。所以债权人中有人出来支持维持。办法一是向债权人疏通,希望他们从共同利益出发,不要逼债,这个工作由股东宋耀如出面。1917 年 10 月,在上海总商会会长主持下,议定分年偿还办法。大多数股东和债权人认为,中华书局的名称、机构、资产务必保全,债务信用务必维护,中华书局一天也不能停业。另一方面是要尽快筹措到救急救难的资金。

与商务印书馆未谈成,中华书局转而另寻东家。而实际上在与商务印书馆进行会谈的同时,中华书局还接触了其他的一些接盘东家。正是这些措施使中华书局躲过一劫,解了资金奇缺之难。

史量才是其中一家。当债权人在发行所收银处坐索债款,陆费逵以债务关系被控告扣押,曾由史量才出面保释。董事会推史量才为局长。史量才也想接办中华书局,为其垫款 10 万元,以文明书局及中华书局图版作抵押,转放在申报馆楼上。史于 1917 年 4 月任局长,终以衡量资产负债情况棘手,经营前途实无把握,两三月后即于同年 6 月辞职。但他的垫款倒是帮了中华书局一把。垫款最后作为债务处理,其条件是以文明书局全部产业作抵,为期五年。1923 年抵押期满,中华书局营业逐步好转,如期赎回。文明书局也就成为中华书局的分支机构,专营发行业务。① 这是后话。

当时另外的一家是由编辑沈颐为中华书局找了另一位垫款人常州吴镜渊兄弟,由其约常州地方绅士组成"维华银团"筹资十万元,作为帮助中华书局度过难关的垫款即周转资金。当时度过难关,主要是靠几笔大垫款而解决周转资金困难的。吴也因此成为中华书局功臣之一,进中华书局任职并在财务方面发挥相当作用。②

办法总比困难多,书局中人同时想了一个办法,即用出租获取租金的办法来获取股东与债权人信任。7 月,商请当时溥益纱厂的资本家徐静仁出面承租,由徐氏以新华公司名义承租,并将移交手续十六条书面印发股东与债权人,以平息情绪。之后又请董事资深人士唐绍仪等出面作各方工作。局势稍缓,至 11 月书局以承租人欠付租金而又回收自办。实际上出租与承租是玩了一个花样,用股东会的话说,仅是为了应付债权人的措施,也可见"民六危机"中中华书局的窘境与苦心。

1917 年 12 月 16 日,中华书局股东会议议决改组董事会,选举上月新投资中华书局的常州吴镜渊为驻局办事董事,俞仲还、于右任、周扶九、范源廉、沈恩孚、康心如、徐可亭、孔祥熙、戴懋哉、施子英、廉惠卿等 11 人为董事。并接连召开了几次董事会,制定《董事监察暂行办事规则》强调账目管理,加强监督力度。陆费逵既已辞职,局长名义撤销,责成陆费逵以司理名义在

---

① 吴铁声:《解放前中华书局琐记》,孙莘人:《在中华书局四十年》,《回忆中华书局》上,第 74 页,第 122 页,中华书局 1987 年

② 吴中:《我所知道的"维华银团"》,《回忆中华书局》上,第 212 页,中华书局 1987 年

董事会的严格监控下处理日常业务。每月预决算须交董事会通过,预算外支出,也必须经过驻局董事许可;每日每月的账目都要由驻局监察审核。陆费逵从这以后停发工薪,仅每月领公费100元。陆费逵在此艰难之下,含辛茹苦,"含垢忍辱"。教育总长范源廉邀请陆费逵到教育部任职,新闻报馆汪汉溪请他去做总编辑,他都辞谢了。尽管"当此之时,危机间不容发,最困难之年代,凡三年余,此三年中之含垢忍辱,殆非人之意想所能料",①但他认为文化教育事业为百业之基,决心克服困难,办好中华书局。此种意志坚强、知难而进的精神,确实是难能可贵的。②

　　危机过去,中华书局起死回生,陆费逵以自己的努力重新赢得了信任,在1918年12月召开的股东常会上,他以最多票数重行当选董事。第二年由司理改任总经理。经历这样一次失利,对一个企业未来的成功来说未尝不是一件好事,既是必要的学费,也是日后发展的殷鉴。陆费逵后来在《我为什么献身书业》一文中,从自身的角度对"民六危机"做了分析:"原因很复杂,就我本身想起来,有三种缺点。第一、经济缺乏,没有应变的财力。第二,经验不足,没有预防的眼光和处变的方法。第三,能力不足,没有指挥全局的手腕。后来办事业的人,对于这三端应该好好地研究研究。"这也使陆费逵认识到一家企业建立管理制度的重要,从而着手加快中华书局的制度建设,并建立常设机构稽查部,以吴镜渊为主任,对会计账目进行严格的管理。

---

①　陆费逵:《中华书局二十年之回顾》,《中华书局图书月刊》创刊号,1931年
②　吴铁声:《解放前中华书局琐记》,《回忆中华书局》上,第74页,中华书局1987年

三、二十年代

在度过危机之后,中华书局重新走上了发展之路。中华书局的二十年代是人们注意得不够、研究者们极易简单带过的一个年代,然而却是中华书局承前启后的重要年代。这是中国历史上少有的一个多元化时代。从经济上看,这个年代被认为是"中国资本主义的黄金时代"。从思想文化运动的角度说,刚刚兴起的"五四"新文化运动对中国出版业的发展产生了重大影响。从社会运动看,这是一个革命的时代,大革命方兴未艾。中国近代以来,每次社会与思想文化的变革总会给出版业带来新的发展机遇,从中华书局发展来看,这已是屡试不爽。而中国近代出版业本身也在这一时期悄然完成了根本性的调整与现代转型,最大的出版机构商务印书馆开始了内部的改组,王云五也在这个年代之初进入了商务印书馆。中国近代出版确立了其市场化、生产规模化和大众化的现代性路径,并释放出影响社会人心的巨大能量。

从中华书局内部看,对公司进行的改革具有重要意义。由局长负责制改为总经理负责制,总经理由董事会聘任,总公司设总办事处和编辑、印刷、发行三所。总办事处设总务、造货、账务、会计、承印五部,编辑所设总编辑部、教科图书部、普通编辑部、辞典部和杂志部,印刷所下设事务部、营业部、工务部,发行所下设秘书处、上海发行所、事务所、分局发行部、供应部。在全国 50 个城市及海外香港、新加坡设有分支局,和 1000 余家分销处。资本方面,1925 年为 200 万元。经过这一番改造,这一结构成为中华书局的常制。中华书局二三十年代的发展,便在这样的基础上展开。

陆费逵是一个颇能接受新事物的人,在新思想新时代感的激荡之下,他延聘了一批新派知识分子进入书局,"少年中国学会"作为"五四"新文化运动期间一个重要的社会团体,是许多知识分子汇聚的团体,其成员也多由陆费逵引入书局。如左舜生任新书部主任,田汉、张闻天等也在这时加入,中华书局的编辑力量大为加强,由此还产生"少年中国学会丛书"等出版物。这也体现了当时出版业与思想文化社团的一种互动。

中华书局的出版物在二十年代,营业也在二十年代向好的方向发展,为三十年代的全盛时期的到来做好了准备,是三十年代全盛期的前奏。有的人干脆把二三十年代都视为"中国出版的黄金时代",如左舜生的回忆:"我现在回想起来,从五四前后,一直到抗日的战争爆发,这个十五六年之间,实在是中国出版界的黄金时代。"[1]

二十年代在中华书局影响很大的一件事,是大革命时代的工潮。陆费逵说:"民十五受同业压迫,民十六受工潮影响,其危机又间不容发。"[2]关于这次危机的记载很少,也很少有人去专门研究。当时的历史背景是,这年的初春间,上海发生工人总罢工和两次工人武装起义。随后又发生"四一二"政变,上海已处动荡之秋。这次工潮经历了数月,对中华书局的影响是很大的。据钱炳寰的《中华书局大事纪要》。这次工潮大致情形是:

此年夏间,7月3日,上海各大报突然刊出《中华书局紧要启事》,宣告自本日起暂停营业,暂停营业的事由,据董事会决议案称:"驻局董事兼印刷所长俞复报告,本年4月6日由总工会印刷总工会支配,令本印刷所与工会签订待遇条件,增加薪工,减少工时,实际工作成本增加六成以上。近因南洋烟草公司印件减少,拟酌裁工人,与工会商议办法,遂尔枝节横生。因年老力衰,应付乏术,请求辞去兼职。"总经理报告,照上年营业状

———————————

① 左舜生:《"五四"以后的中国出版界与教育界》,转引自周其厚:《中华书局与近代文化》,第38页,中华书局2007年

② 陆费逵:《中华书局二十年之回顾》,见吴铁声:《解放前中华书局琐记》,《回忆中华书局》上,中华书局1987年

况,每月盈利平均1万余元,工资增加已尽此数,效率减低,收益更短。今春以来营业锐减,搁货既多,垫本难继。本月上旬一切开销,为数甚巨,请先决财政办法。经决议经济支绌,用人困难,董会力薄,支持乏术,本公司以7月为年度开始,本年度是否继续营业,公推董事孔祥熙、吴镜渊、监察黎可亭为善后委员,调查研究,再定办法。一面从明日起,先将总厂、总店停业。善后办法:(一)6月下半月欠薪及7月一、二日薪工于一星期内交顾问律师发给,并补助每人回里川资三元;(二)由顾问律师呈报有关各方,并报告捕房派捕看守厂店;(三)员工一律解散;(四)善后委员有相当办法并筹有的款,再定局部或全部开业,应需何项人才,当另定办法再行延聘。

要命的是,此等重大变更事项,各部门职工除少数重要人员外,事前均无所闻,私人物件皆未移出,故仍按时上班,而总店、总厂铁门未开,武装探捕把守门外,禁止出入。下午,四部职工组织联合办事处于静安寺路民厚南里686号,分总务、文书、宣传等七科办事,向外界求援。

随后的几天,冲突加剧:书局工会第一分会,职工会第二、三、四分会,在各大报登出启事,公告同人,为图谋解决办法起见,特联合共商进行,要求静待解决,毋为转外行动。职工联合办事处派代表分别向政府有关机关及工会组织统一委员会、总商会等投递呈文,指出公司当局非法突然停业,使本局一千六百余职工立时失业,公司既非破产,显系企图实行裁员减薪之狡谋,要求令其即日复业。全体职工在各报发表宣言谴责书局当轴,并表示深愿全国人民替我们评定是非,是公司当轴错,还是同人错?律师黄镇磐代表中华书局刊登广告发给薪工及补助川资三元。次日职工会登报驳斥反对,根本不承认解散。黄于10日登报作罢,仍由中华书局自行分发6月下半月份欠薪。同人拒领川资。

而这时,驻局董事俞复与职工会联合办事处代表接谈时声称,本人并未向董事会有"紧要启事"中所说的报告,亦未请求辞去兼任印刷所长职务,且反对停业,中途退席,并未签字。此次董事会议到会者六人,本人退席后只有五人,此五人是否全体签字,不得而知,董事会议案全由少数人把持。善后委员吴镜渊亦谓事前并未知情,另一委员孔祥熙则在外地。

职工联合办事处向社会各界呼吁要求公司复业以来,上海各大报如《申报》、《新闻日报》、《时报》、《时事新报》、《商报》、《民国日报》等,每天均有详细报导,而《民国日报》"觉悟"栏发表署名评论文章即有八篇之多。出版界发表宣言支援者,有商务印书馆职工会、世界书局编辑同人会、报界工会,而商务印书馆编辑员有《告中华书局董事会书》,列名者周颂久、江炼百、段抚群、郑心南、王柏群、徐调孚、胡愈之、蒋少英、周建人、张伯康、黄绍绪、庄叔迁等十二人。邮务工会亦有《忠告中华书局董事会书》发表。其他行业工会、各工厂企业职工会也派员慰问支持。

到了下旬,26日上海市政府农工商局召集江苏省政府、工统会、总商会调解代表及职工联合办事处代表会议,而公司方面陆费逵、徐可亭、陈协恭三人并未与会。当即决定公司先于8月1日复业,原有职工待遇办法,俟复业后由农工商局邀集劳资双方并工商界代表公平解决。经过各方多次洽商调解,公司当轴始终坚持非俟工资、经济、用人、债务各问题有相当之解决万难复业。最后,工统会呈请二路政治训练部批准,令限中华书局三日内复业,否则处分其一部分财产以救济失业工人,并传究主谋者,借儆效尤。

月底的这一天,各报刊出《中华书局试行复业启事》,谓本局因工资增加,经济支绌,以致停业。承上海特别市农工商局、政治训练部、总商会、工统会敦促复业,面允谋劳资之妥协,任安全之保障,并奉农工商局训令复业。本局勉为其难,遵照试行复业,声明以一月为期,商定办法,以收支适合、用人有权为原则,遵于 8 月 1 日试行复业。同时,职工会刊登《上海市中华书局全体职工复业启事》,略谓同人等自受公司于 7 月 3 日停业以来,迄已一月,今得上海市政府农工商局及工会组织统一委员会、总商会等之调解,决于 8 月 1 日全体复工。8 月 1 日早上 7 时以前请聚集于总厂广场上,以便复工。

到了 8 月 1 日,职工会于上午 7 时半召集全体职工举行复工大会。由各方人士组成主席团。主席吴翰云致开会词,凌德润致辞,来宾演说。李玉阶代表市府讲话,谓今虽复工,以后纠纷尚多,公司复业告白,事前虽经农工商局审定,仍将"试行复业"字样发表,以淆惑听闻,显然不信任政府。公司此次停业目标,乃感于董事会自动所订的议决案难以维持,故忍心出此下策云云。大会上有《职工会敬告全体工友书》,谓过去四星期中,我们都是在纪律的轨道上行动的,所遵守的是秩序,所凭借的是公理,所服从的是正义,所希求的是生活,现在我们的目标是复业,虽已达到,但精神与物质上的种种牺牲已不少。这个目标说来很简单,但做起来颇不容易,尤其是在现在这样的环境中,所以我们职工同人,务须体念过去的艰苦,警惕未来的危机,始终向一个共同的方针前进。这个共同的方针就是努力工作,替公司增加生产;团结精神,替同人互谋福利。态度必须正直,意志必须坚定,只有向前进,才能达到幸福之境。9 时半,总办事处、印刷所、编辑所职工开始入内照常工作。总店于 8 时半开始正常营业。

8 月 18 日,经农工商局及有关单位召集中华书局劳资双方协议,签订两项办法:(一)中华书局有限公司与上海市中华书局工会、职工会双方签订待遇办法。主要规定薪工照三月份标准二十元以下加三元,二十元以上加二元,三十元以上加一元,四十元以上不加。(二)中华民国十六年(1927)8 月中华书局复业裁人暂行办法,规定公司裁人,工会认为无过失者,补给薪工两月。代表公司签字者驻局董事吴镜渊、监察徐可亭、总经理陆费伯鸿;代表工会签字者为四个分会的代表;另外,上海总商会、上海工会统一组织委员会、上海市农工商局也签字见证。在此两项协议签定后,于 8 月 20 日在各报刊登正式复业启事。根据第(二)项协议规定,在不到一个月的时间里,公司解雇了三百多名工人。①

　　这场风波平息了,类似这样的劳资矛盾此时在商务也曾发生,影响或许更大。② 劳资矛盾这个角度,也可以是了解近代中国出版业的一个特殊的角度,这些年研究者注意不够。在陆费逵看来,似乎存在一种宿命,每个十年代,中华书局都要经历一次危机,每个十年代都有一次大的灾难,在二十年代结束前中华书局已经历了两次,后面一次是在全盛时代到来的,它打断了中华书局的正常发展。

四、三十年代的鼎盛

　　三十年代是中国出版业的高峰年代,也是中华书局的全盛年代。这个高峰年代的到来,应该说是中国出版人努力的结果。此时的世界刚从 1929 年的经济危机缓慢复苏,而中国出版业也历经浩劫,特别是日本对商务印书馆"一二八"的轰炸,中国出版人以"为国难而牺牲,为文化而奋斗"的精神奋起。如陆费逵所说:"'一二八'之日军暴行,予我国印刷业出版业一个大打

----

　　① 钱炳寰:《中华书局大事纪要(1912—1954)》,第 84—89 页,中华书局 2002年

　　② 详见茅盾:《五卅运动与商务印书馆罢工》,《我走过的道路》上,人民文学出版社 1997 年

击。他们是有意摧残我国文化,我们要努力恢复进展!"①而中华书局在商务印书馆经历这一劫难后,在中国出版中的地位更为显著。

1933 年,中华书局在香港建分厂,这个分厂的建立是中华书局富有战略意义的一次转移。因为当时商务印书馆印刷总厂在战火中毁于一旦,为免商务印书馆前辙,中华书局积极筹建了这个分厂,自此"印刷设备,时称远东第一"。②

1936 年,距"民六危机"20 年后,《中华书局大事纪要》1936 条下有这样的记述:"澳门路新厂建成,总管理处、编辑所、印刷所全部迁入办公。在办公楼之第四层设图书馆,藏书用钢架,送书用电动机,藏书三十余万册(到 1950 年达五十二万册)。设立理化实验室、教具标本陈列室,非正式供应沪市学校免费实习。《辞海》上下册相继出版。此书收单字一万三千余字,复词十万余条,前后合百余人之力,亘二十年之久,至是出书,长体注音汉字铜模铸造完成。函授学校陆续添办国文、算术、日文、商业、书法等课。"③

如此景象完全是一幅繁荣图。这一年陆费逵 50 岁,他用中华书局的锦绣图为自己做了寿贺。

这里未记的是,中华书局的图书出版在这一年,也达到空前绝后的最高峰,种数达 1118 种,册数为 2279 册。当新厂建成时,徐悲鸿作了一幅宽为一米、题为《日进无疆》的骏马图以为贺,象征着中华书局的腾飞,此画曾悬挂于厂部会议室。此后1937 年"扩充资本,一次增足为 400 万元"。年营业额约为 1000

---

①　陆费逵:《六十年来中国之出版业与印刷业》,原载《申报月刊》第 1 卷第 1 号,1932 年 7 月 15 日

②　企虞:《中华书局大事纪要》,张静庐辑注:《中国出版史料补编》第 569 页,中华书局 1957 年

③　企虞:《中华书局大事纪要》,张静庐辑注:《中国出版史料补编》第 569 页,中华书局 1957 年

万元。

1934 年到 1937 年也是印刷所业务飞跃发展的黄金时代。本版活有《四部备要》、《古今图书集成》、《辞海》等大部头的生产,外版活则有各种地方如四川和中央印钞业务。几年间印钞业务发展速度是惊人的,机器设备就由原本不过一二十台手摇凹版机,发展到百余台小电机,五台大皂机,从业人员达 800 之数。商务印书馆的印刷厂毁于战火,更使中华书局的印刷厂卧薪尝胆之后成为亚洲之冠。到 1937 年全盛期,中华书局有上海、香港三个印刷厂,上海新老两印刷厂职工近二千人。①

在几十年的发展中,中华书局几乎在所有的领域都对商务印书馆形成了挑战。教科书方面,1912 年到 1913 年,即编辑出版了各类教科书 152 种。工具书方面有《中华大字典》(1915)、《实用大字典》(1919)、《辞海》(1915—1935)。古籍方面,《四部备要》这一大型古籍丛书,从 1921 年开始刊印,共分五集,收经史子集各类古籍 351 种,11305 卷,汇成线装 2500 册,成为古籍出版的一大工程。杂志方面,《中华教育界》、《中华学生界》、《大中华》、《中华童子界》、《中华少年》,与商务印书馆不同,它所有的刊物都注意打出"中华"的字号,体现了陆费逵锐意经营的品牌意识。此段内容,我们在后面的章节中将做进一步的分析。

到三十年代中期,中华书局的发展也加强了中华书局人的自信:"惟近日社会上对于本公司均另眼看待,风声所播,每有以本公司远在商务之上者。""从前一般人均谓中华不及商务,今将店堂改好,遂谓中华与商务并驾。"中华书局的编辑事务主持人舒新城也有了雄心,"盖现在就公司之实力言,我远胜甲丙(甲指商务印书馆,丙指世界书局)","就未来的营业说,我之实

力充足,纵不能赶过甲,但五年之内可以办到与之并驾齐驱"。①

五、战争到来以后

正当中华书局与中国民族出版事业空前发展的时候,1937年,日本侵略者发动了全面侵华战争,"八一三,日寇在上海打了仗"。

对于战争的到来,陆费逵是有一定的预见性的。1936年10月陆费逵致函舒新城:"时局不佳,即现在能免战事,迟早终不能免。此后,吾人须为战期中之预备,不能多出新书,有来商让稿或版税者,希婉辞谢却为幸。"②陆费逵对于中华书局的营业与设备都作了预先的安排,上一年的10月,陆费逵即与舒新城商量,将印钞机器内迁并图书馆部分书籍迁移,中华书局原有比较完整的一套印刷设备,为应变计,事前于是年的6月间已将用于印钞的几乎全部高精尖设备(与人员)转移到香港的印刷分厂。留下来的印刷所设备与人员,则经过劳资双方的反复交涉,一分为三,一部分去港,一部分去柳州办厂,一部分留沪。

现在战争果然来了。"卢沟桥事变"发生不久,蒋介石在庐山召开谈话会,浙江大学校长竺可祯、南开大学校长张伯苓、北京大学校长蒋梦麟、北大文学院长胡适、清华大学校长梅贻琦、广西大学校长马君武、金陵女子大学校长吴贻芳、中央财经委员会委员长马寅初、中央研究院总干事傅斯年、大律师张志让,以及著名教授学者梁实秋、梅思平、胡建中等各界名流200余人应

---

①　赵春祥整理:《舒新城日记》(选载三),《出版史料》1987年第4期
②　钱炳寰:《中华书局大事纪要(1912—1954)》,第147页,中华书局2002年

邀出席。当时出版界的,如《大公报》负责人王芸生、商务印书馆总经理王云五等也在被邀之列,陆费逵同样应召上山,被遴选为国民参政会参政员。陆费逵不仅自己上了山,还带去了时任中华书局分局发行部部长郭农山等人,"农山领有出入证,在内设处陈列书籍",此刻他仍不忘记宣传中华书局及其出版物。

8 月 13 日,日本军队大举攻击我上海守军,十九路军奋起抗战,淞沪战役爆发。国家兴亡,匹夫有责。陆费逵虽然自己不能上前线,但他还是让夫人多买布匹和棉花,组织妇女赶制衣裤,送到前线,支援抗战。面对战争到来,一方面在陆费逵的强力决定下,中华书局于战争发生后的第三星期,宣布大量裁撤编辑人员,辞海部、杂志部、新书部、古书部都全部裁撤,教科书部裁撤了一半。① 书局以总经理名义印发布告给离沪暂避战乱的员工:"奉八月三十一日总经理布告一节,应由各处所通知已离沪之同人,非公司专函敦促,暂勿返沪,以免公司负担加重,致累及现仍留沪之人。中华书局总编辑部启 二十六年八月三十一日。"②另一方面,陆费逵又部署人马将上海的造货与物资分运出去,结果那一年大后方各地中小学校因为中华的教科书供应最为充足也最及时,得以照常开学。1937 年的 10 月底,上海总局办理撤退工作勉告就绪。11 月初,陆费逵决定,中华书局在上海设驻沪办事处,由舒新城主持。总办事处拟迁昆明,他本人则和郭农山、蔡同庆等转移香港,筹设香港办事处,全面主持书局内迁、港厂印刷及各分局业务,统筹全局,应付时艰。

11 月 11 日,上海沦陷。

陆费逵到港后,即委托与中华书局有长期业务关系的恒丰洋行美商 A. F. 沃特生出面向美国政府注册,将留在上海的中华

---

① 倪文宙:《埋头编辑的五年》,《回忆中华书局》上,第 197 页,中华书局 1987 年

② 邹梦禅:《心潮逐浪忆华年》,《回忆中华书局》上,第 161 页,中华书局 1987 年

书局印刷厂改为"美商永宁公司",1938年10月挂牌营业。这是借美国公司的名义,而实际美方并未注入资金。这样,中华书局在上海的产业,在战时得到了一定时间的保护。战时,中华书局在港积极印制中小学教科书及参考图书。当时香港至内地交通也很困难,陆费逵派郭农山去越南、缅甸办理货运,由香港经越南、缅甸运进大后方大量教科书及文具,供应西南及西北各分局,使各地分局业务得以进展。陆费逵在香港除为分局春秋两季造货,充分供应外,更谋大量积聚,以为战后复兴全国教育之需。①

由于战争原因,作为中华书局业务重头的分局中,东北、河北、山西、河南、山东、江苏等地分局均已停业。为进一步做好后方各分局的工作,经陆费逵委派,分局发行部部长郭农山于1938年1月初绕道香港抵达武汉,在中华书局汉口分局设立了分局发行部汉口分事处,主持港沪两地大量发往汉口书货的转运,以及西南、西北、湘、鄂各地的分局事务。但各地分局的损失还是纷纷传来,战区各分局全部停业,货物尽量迁往安全地区,人员分散转移。南京、芜湖分局同人30余人避难无为县。徐州分局货已运出,安庆分局则仅运出文具,两分局各留2人留守。南昌分局迁吉安。广州分局由粤汉路运汉口的书货2100余件,中途被炸,损失872包。汉口分局转运重庆分局的书货,因无船转运,搁置宜昌,后雇民船运时,在万县沉没一船,损失500余包。

1938年10月26日,武汉沦陷。中华书局汉口分局坚持到24日才结束,可谓最后一市。24日夜,机关已全部撤完,银行亦已关门多日,在此情况下,汉口分局经理徐秀成仍设法在法租界将存款换成港币汇往香港。汉局的书货亦于24日前陆续运出,转往宜昌。运货时,深夜大雨,两日未食的徐秀成以木船带货

---

① 陈世觉:《我的回忆》,《回忆中华书局》上,第182页,中华书局1987年

750 件送往鸿安轮,结果被人挤落水中。公物未失一点,惟自己物件被炸落水。存货运完后,徐秀成才和同事一起,乘预定的五战区汽车黄夜逃出武汉。

广州、武汉相继沦陷,货运日见困难。1939 年滇缅公路通车以后,中华书局决定在昆明设西南办事处,主要任务是自办运输,转运书货。自购卡车 6 辆,后增至 10 余辆,负责转运来自香港经海防、西贡、仰光等地的转口书货。书货到达昆明后,再一路用汽车经贵阳转重庆,一路驼运至四川泸州,然后再水运重庆。最后,分运成都、西安、兰州、恩施、南阳等分局销售。以上过程现在说来简单,但一家文化企业在战乱期间的经营,却是千难万难。一是要到处哀告,请求军方放中华书局一马,免征车辆充作军用;二是汽油奇缺,还要运动各种关系、花费巨大代价才能搞到这种战时紧俏物资。

这样的千难万难和战乱播迁中,中华书局仍没有忘记自己的文化使命,1940 年仍然出版新书 127 种,如周谷城著《中国政治史》、顾志坚译《日本经济地理》等学术性著作。

中华书局分为沪港两摊后,1938 年初,留沪厂所人员即发生罢工,到 11 月初罢工才基本解决。陆费逵在香港不仅只是维持,还要面对劳资关系日益紧张和通货膨胀,香港印厂人数众多,1940 年发生了震惊全国的 1400 余人的大解雇案。战时的陆费逵,虽人在香港,却心系书局的书货和同人。他在 1938 年 10 月间致信友人沈颐时吐露心境:"十三日手书敬悉。弟因交通阻滞,汇兑困难,对分局函电接洽异常忙碌,总期无办法之中求一线生机。即使万一不能支撑,亦必最后一家关门。"谈过了书局前途,再谈个人的身体。引人注目的是,陆费逵这次由自己的病情,产生了不祥的预感,第一次谈到了自己的继任者问题:"弟处此环境,欲罢不能,好在慢性病,一时无性命之忧。不过万一不能做事,继任人选却不可得,盖须于政治、商业、教育三方面,均有相当能力与资格也。"①

六、中华书局前三十年发展原因分析

在艰难之中,中华书局"总算勉强站住了"。陆费逵舒了一口气。回想 60 年中国之出版业与印刷业,其中他亲身参与的有 30 多年,他感慨:"其他与中华书局先后开办的,现在一家都不存在了。"②不容易啊!30 年的发展,近代资本主义的生产方式和生产关系,也总算在中华书局逐渐形成。就中华书局的组织系统看,它和商务印书馆以及世界书局一样,是合编辑、印刷、发行为一体的全能出版机构,有人说其性质类于托拉斯。③用现在的眼光看,是一个大的集团。总局之外设立各地分局,形成网络。中华书局业务发展的成因有许多,比如中华书局在其发展中得到各方面的支持,如孔祥熙等官僚个人资本的进入帮助中华书局拿到印钞权,又如蔡元培等学界人士的支持,蔡曾向陆费逵推荐蔡尚思的《中国学术史大纲》,说内容丰富且有新见解。④但陆费逵经营拿捏得当是一个关键因素,我们主要从下面几个方面作一些分析。

1、锐意经营是成功的基石

---

① 钱炳寰:《中华书局大事纪要 1912—1954》,第 169 页,中华书局 2002 年

② 陆费逵:《六十年来中国之出版业与印刷业》,《申报月刊》创刊号,1932 年;张静庐辑注:《中国出版史料补编》,第 281 页,中华书局 1957 年

③ 吴铁声:《解放前中华书局琐记》,《回忆中华书局》上,第 76 页,中华书局 1987 年

④ 蔡元培:《致陆费逵函》(1930 年 9 月 5 日),高平叔等编:《蔡元培书信集》下册,第 1161 页,浙江教育出版社 2000 年

陆费逵是一个善于捕捉商机的人,虽然也有经营方面的过失,但总体部署是得当的。由于陆费逵可以说是近代出版业中少有的全能型出版家与出版商,所以他能将经营拿在手里,大政方针全由己出。虽然经历了几次困难,但中华书局不仅站稳了脚跟,而且得到了发展。

中华书局的主营结构是总局、分局、发行、印刷四大块。在总公司之下有编辑、事务、营业、印刷四个所。为了获得好的经营效果,陆费逵取编、印、发三大块并重的方针。

编辑是源头。这一块是全部营业的上游,没有源便没有流。陆费逵从事出版是以服务教育促进社会进步为己任的,对这一块的要求自然是以出有价值的书贡献于社会为目标的。编辑这一块首要的是要先确定出版方向,在中华书局开创初期,陆费逵认定教科书第一,而教科书之外,最有市场希望的是字书与杂志,故他对编辑力量的布局和产品的构成也主要在这些方面。其对编辑环节的重视程度,从编辑部门集中的人才可知,也从如后一个材料可以看出。1930—1940 年间,编辑所薪酬 964533 元,稿费 612579 元,书报 252428 元,杂支 68210 元,总计 1897751 元。① 从这个材料可以分析,编辑的待遇是比较高的,薪酬的支出高于稿酬的支出,提供的书报业务资料也是可观的,几接近稿酬的一半。待遇是吸引人才的最主要的办法。

发行是书局的命门。货要销得出去乃是历来商家的钱路。陆费逵加强发行最主要的措施是在各地设立分局,他慎重选择分局经理,对人选取的标准,一是品德较优,二是文化水平较高,三是本业的内行,四是懂一点经济。分局经理有职有权,但要向总局述职,各地还任命监理人,就近监督分局。各地分局经理回总部,陆费逵常亲自会见,也经常郑重其事地向分局经理介绍他的对管理企业的一些意见,他甚至还写出书面文字,要他们注意

① 钱炳寰:《中华书局大事纪要(1912—1954)》,第 177 页,中华书局 2002 年

书局长远利益,必须紧缩开支等等。① 分局成为全部营业的支撑,多年占据营业的重头。陆费逵把"使顾客满意"作为发行的首要条件。他在书局的内部刊物上发文指出:"使顾客满意,使顾客买东西必到我店,是我们做生意的第一条件。"陆费逵还亲自站柜台,有一则逸闻,某日有一顾客在书画柜购买玻璃版字帖一本。在营业员包书空隙,陆费逵主动上前告知顾客,另有新出书画多种并逐一加以介绍。最后顾客共买得 40 余元的书画、碑帖欣然而去。次日,书局董事汪幼安来见陆费逵说:"江宁镇守使王廷桢君昨天来买物,遇一戴眼镜能说北方话的营业员,招待殷勤,他很佩服,要我转告你不要埋没这个人才!"陆费逵大笑,答曰:"是即敝人也!"陆费逵在营销手段上也很用心,《中华书局月报》上称:"本局提倡国语,不遗余力,出版图书教具,新颖精审,夙受教育界的赞许,前出国语书目,小本精印,既便携带,尤便检查。近又新编国语大张书目,专供各局发售国语书籍时包裹之用,现已出版分发各局云。""推广部新编一种大张包书用纸,一面详载最近出版新书,一面汇印预约特价各书,用彩色报纸印刷,现已出版分发各局应用了。"② 湖北省图书馆收藏有中华书局 1921—1937 年的各年度的本版书可供销售目录。而商务印书馆从 1910 年到 1937 年,这样的销售目录也是平均每季一期几无间断,前后总数达 140 册之多。③ 小中见大,早期出版人这样的做法,足为后来的出版者效法。

　　印刷是为基础。陆费逵考察美日等国出版印刷业发达国家,发现其分工较细,出版业并不自办印刷业。但我国出版业情况不同,因正处于幼稚时期,如果自己不办印刷厂,无论在成本上、出版速度上以及企业资金运用上,是不易与同业竞争的。中

---

　　①　陈世觉:《我的回忆》,《回忆中华书局》上,第 178 页,中华书局 1987 年

　　②　《中华书局月报》第 25 期,1924 年 10 月;第 28 期,1925 年 1 月

　　③　汪家熔:《1931 年前商务印书馆的发行》,《商务印书馆及其他》,第 127 页,中国书籍出版社 1998 年

华书局在教科书上比商务印书馆所占份额虽小,但它靠印刷打天下,广泛承接社会印件尤其是彩印。1916 年,上海静安寺路(现南京西路铜仁路口)印刷所落成,占地 43 亩。到三十年代,商务印书馆因为"一二八"之役印厂被毁,中华书局在印刷上超出商务印书馆,更尤其是靠印刷钞票得到补足。1933 年在香港设立新厂,号称远东第一,1935 年上海澳门路新厂建成,印刷业务剧增,成为中华书局的经营重心所在。① 而到战后包括中小学教材在内的图书营业只占四成,其余皆为印钞所得。② 这是商务印书馆所不能比的。中华书局取得较多的印钞业务,和孔祥熙长期是中华书局董事分不开。在印刷上的成功帮助了中华书局,如舒新城日记称:"日来想到公司营业情形,印刷上之盈余颇多,应设法应用之。但既不可滥用,亦不能投资他业,而出版方面基础尚不巩固,故最重要之方法,当于编辑上着力。"③也就是要把印刷的盈余转一部分用于编辑图书。见证过上海出版业棋盘街沧桑的曹聚仁先生也说:"到了最近二十年间,中华书局在印务上有了长足的进展,连带着把出版部分也稳住了。"④

陆费逵并不满足于现状,总是采行扩大营业的进取路向。一方面,他决定将中华书局的经营总方针放在出版发行印刷三个联合体上,另一方面在主营业务之外,和商务印书馆全方位经营一样,中华书局多种经营的面也比较宽,后来更扩展到制造教学用具,经营文具仪器等,还办有函授学校。要多种经营的原因如有的中华书局老职工所分析的:"其时,教育不普及,一般图

① 吴中:《近代出版业的开拓者陆费逵》,俞筱尧、刘彦捷编:《陆费逵与中华书局》,第 111 页,中华书局 2002 年
② 李湘波:《我和中华书局上海印刷厂》,《回忆中华书局》上,第 205 页,中华书局 1987 年
③ 卢润祥、梁建民整理:《舒新城日记》(选载一),《出版史料》1987 年第 2 期
④ 曹聚仁:《棋盘街上的沧桑》,《书林三话》,生活·读书·新知三联书店 2010 年

书发行量少,又不屑为图利去发行低级趣味的读物。"①为了中华书局的生存与发展,就不能不注重营业结构,开展多种经营,以辅养主。事实证明,中华书局在陆费逵主持之下,多种经营是对路的。

民族资本主义企业为了发展,往往很重视谋求与官僚资本及政权的关系,商务印书馆是这样,②中华书局也是这样。陆费逵在商业操作上也尽可能注意时局的变化,如《辞海》排校过程中,陆费逵与舒新城对涉及日本军阀侵华的一些词目,如"一二八之役"、"九一八之役"、"上海协定"等都格外小心,释文中不直书日军"侵略"等,而称"行动",这样做也是因为中日尚未正式开战,为便于在日伪势力范围内发行。

2、重视人才与技术是成功的前提

陆费逵以人才为书局根本,对于在中华书局的用人曾有一自述:"用人一本人才主义,识人未周容或有之,见贤不举绝对无之。"③

中华书局人才较为集中,和商务印书馆一样,吸引了一大批优秀人才和不少不求闻达而埋首苦干的学者。有的学者指出,文人学者在出版界的频繁活动,标志着中国出版史上的一个新时代的到来。④ 中华书局编辑部在规模最大时曾达200人。据初步的列名,中华书局的编辑人员(包括馆外编辑)中不乏知名之士,早期有梁启超、范源廉、徐元诰、马君武、戴懋哉、张相、高野侯等,以后有舒新城、金兆梓、田汉、李达、张闻天、左舜生、陈启天、潘汉年、王宠惠、李登辉、徐志摩、周瘦鹃、谢无量、黎锦晖、

---

① 吴铁声、陆嘉亮:《书海费经营》,俞筱尧、刘彦捷编:《陆费逵与中华书局》,第83页,中华书局2002年
② 王建辉:《旧时商务印书馆与政府的关系》,《出版与近代文明》,河南大学出版社2006年
③ 钱炳寰:《中华书局大事纪要(1912—1954)》第74页,中华书局2002年
④ 徐雁平:《胡适与整理国故考论》,第267页,安徽教育出版社2003年

沈问梅、马润卿、张士一、朱文叔、章丹枫、周宪文、钱歌川、钱亦石、张梦麟、周伯棣、郑午昌、葛绥成、桂绍盱、武堉幹、陈伯吹、李平心等。① 中华书局员工收入比商务印书馆略低，但中华书局吸纳人才也像商务印书馆一样，给予较高的待遇，像二十年代初中期留日回国后的田汉，第一个职业便是在中华书局做编辑，月薪 200 元。后来中华书局又约有留学背景的徐志摩编辑文学月刊，编辑费为每月 200 元。在编辑所里原有编审、编辑、编校、练习生四个等级，依各人的学历起点而定，约相当于今之职称。但这四个等级并无不可逾越的鸿沟，经过工作的锻炼与学习的努力，练习生与编校未始不可担任上两级的工作。这便形成了人人向上的风气。其中甚至有共产党人，如大革命时期曾任中共湖北省委书记的钱亦石，在 1936 年上半年起，也到中华书局编辑所半日工作。赵伯衡也是中共党员，"四一二"事变中被捕，出狱后不能再回商务印书馆去，便到中华书局编辑所任《小朋友》的编辑。② 其他如李达、张闻天、潘汉年等都在中华书局编辑所工作过。陆费逵本人很重视人才。有一位青年给他写信说自己正在编一部《国学文录》，表示愿去中华书局工作，陆费逵回信表示目前书局无适当位置，但愿介绍他到其族兄平甫家做家庭教师。这样这位青年就在陆费逵族兄家做了 8 年的家庭教师。后来进了中华编辑所成为骨干，由于知识渊博，人称"活辞海"。③ 钱歌川回忆，因为他介绍的基本英语，中华书局在这项上赚了不少钱，陆费逵也因此"对我另眼相看，妄加青睐，甚至连我在《新中华》上发表的随笔，如《吃鸡赘语》之类，也要在百

---

① 吴铁声：《解放前中华书局琐记》，《回忆中华书局》上，第 81 页，中华书局 1987 年

② 陆嘉亮：《怀念与思考》，《回忆中华书局》上，第 66 页，中华书局 1987 年

③ 张明仁：《张文治先生遗事漫忆》，《回忆中华书局》上，第 127 页，中华书局 1987 年

忙中抽暇来阅读了"。① 黎锦晖也谈到他年青时在中华书局做编辑,陆费逵对他很看重"他随时注意我的一切情况,认为我年青力壮,不怕辛劳,还可以多负责任,借此锻炼才能"。② 陆费逵选择总编辑更是煞费苦心,1913 年即挑选范源廉任编辑所长,二十年代末又挑选舒新城,前后两位总编辑的挑选都堪称近代出版史上的经典案例。像范源廉(1875—1927)曾历任民国赵秉钧、段祺瑞、靳云鹏内阁多届教育总长和后来的北京师范大学校长,在当时社会上有着很高的威望和影响。1913 年 1 月,他因不满袁世凯和赵内阁而从教育总长的位置上挂冠辞职前往上海,正在为中华书局草创而求贤若渴的陆费逵,不失时机地力聘范源廉为首任编辑所所长。之后,范源廉组织编写"新制"、"新编"、"新式"等一系列教科书,为中华书局的文教出版事业做出了不少贡献。陆费逵后来在《中华书局二十年之回顾》中,对已然作古的范源廉还充满感激,说他"目光远大,不计利害,在局虽仅四年,然服务勤劳,时间恪守,编辑基础于以立,社会声誉于以隆;而东山再起之后,对于公司尤多擘画维持",③给予了极高的评价。在选择总编辑和总经理方面,陆费逵有着自己的见解:"盖须于政治、商业、教育三方面均有相当之能力与资格也。"④

中华书局重视人才的招新。从 1913 年起,中华书局就制订了《任用职员规程》。正式规定,招纳员工,除却特别延用者外,一律要经过考试,在试用合格后录用。据不完全统计,从 1912 年到 1936 年,中华书局在《申报》上刊登了 20 多次招聘招考广

①　钱歌川:《回顾五十年》,《回忆中华书局》上,第 103 页,中华书局 1987 年
②　黎锦晖:《我在中华书局的日子》,俞筱尧、刘彦捷编:《陆费逵与中华书局》,第 34 页,中华书局 2002 年
③　陆费逵:《中华书局二十年之回顾》,俞筱尧、刘彦捷编:《陆费逵与中华书局》,第 470 页,中华书局 2002 年
④　王震:《陆费逵年谱》(下),《出版史料》1992 年第 1 期

告。职位包括编译、缮校、书记、分局正副经理、账房、柜员、庶务以及各种学员学生等,分别要求有大学本科、专科及高初中水平。每次录用的人员,少则三四人,多则三四十人。中华书局员工数千,除少数创业元老和重要人员外,多数通过考试进门,无所谓等级亲贵之分,因此人际关系比较简单,整个企业凝聚力也较强。这是与商务印书馆略有不同的地方。① 为了保证新进人员的质量,中华书局在招考时,一般都对应考者的资历有相应的要求:对有相关的商业经历,看得比具备一定的文化基础更重。如中华书局在《申报》1921 年 10 月 16 日刊登的招新启事上,就具体明言,对于入局后拟担任事务、账务、营业、书记等职务的中级职员,要求其资历是,有相当丰富的营业经验,能写会算,或者中文、英文各有一门擅长;对于入局后拟担任事务、誊写、营业等职务的初级职员,要求其资历是,曾担任过商店职员,或者有中等学校毕业的学历;就是拟派往厂店各部作练习生的人员,也要求有中学二年程度或曾在商店习业者。中华书局于 1936 年 5 月招考职员,规定录取的规则是,第一对人对事的态度,以踏实为主,不知以为知者,是为人处世的大忌;第二精通中文;第三要求常识丰富;第四要求具有一定的业务经验;第五是专门知识。从中可见中华书局用人十分注重综合素质。书局招考的第一步,是根据报名者投递的简历情况,确定其是否具有参加笔试的资格。第二步则是进行严格的笔试。笔试合格者,才有机会进入第三步的面试。面试十分慎重其事,由书局的头脑们亲自主持,当面考问。通过如此层层淘汰而被录用进来的职工,庶几不会像中小书局的那些乡亲店员那样——既不会招呼读者,更谈不上知书识书,出现那种遭人批评的"瞠目不知所对"的尴尬局

教育与出版——陆费逵研究

---

① 参王建辉:《旧时商务印书馆内部关系分析》,《武汉大学学报》2002 年第 4 期

面。① 就所查找的《申报》出版广告情况来看，中华书局像这样的招考，在其事业兴旺的二三十年代，几乎每年都要进行一两次。书局愿意年年花钱登广告招考，说明这种进人方式，在当时，是有现实的实际效果的。中华书局编辑所人员的资历一般不如商务印书馆，②因为商务印书馆对人才要求特重学历。中华书局倒也不十分计较，因为也有得益的地方，工资也少得多。只要能干就可用。陆费逵对主要职员的任用很严格，都须经他选任。他认为笔试题目答得对，仅能说明这个人的文化程度，但不能得知他的品德好坏，所以最后须经他亲临面试，从中观察其谈吐举止，以定取舍。有一次，中华书局登报招录职员，内中有一大学毕业生，笔试各门成绩都好，可是最后经他面试，竟然没有录取。这说明他对职员的选用是学历与能力并重的。

中华书局更重人才的培育与培训。早在 1916 年中华书局制定的第三期发展计划《五年概况》中，就把"派人出洋留学养成完备之人才"列入其中。1922 年送总店副店长薛季安、编辑员黎明赴德国留学，并考察仪器标本制造等。1924 年前后资送编辑所的王光祈、马润卿等分别赴德国和美国留学。1936 年钱歌川留英，陆费逵为钱歌川去英国留学给编辑部批下一手条："钱歌川去英，事为公司撰文购书，自二十五年九月起，一年为限，薪水照送。"③可见陆费逵对于人才培训的重视与长远眼光。私营企业能如此重视人才的培育，难能可贵。编辑所的练习生与编校进各种实习学校学习，学期终了可以凭成绩及格报告单报销学费。在发行所的练习生则非学习不可，且无须自己垫付学费，其他部门的待遇同。1935—1936 年间，中华书局还办过"职业培训所"，对新进人员进行短期培训，还抽调一些在职人

---

① 《申报》1935 年 11 月 21 日

② 张明仁：《张文治先生遗事漫忆》，《回忆中华书局》上，第 127 页，中华书局1987 年

③ 王震：《陆费逵年谱》（下），《出版史料》1992 年第 1 期

员旁听,成绩好的还给予奖励。① 1926 年起中华书局也办有函授学校和夜校,除了社会教育以外,也起着培训员工的作用,至 1937 年总计毕业学员达数万人。开设的课程有国语、商业以及编辑、出版印刷等。陆费逵还亲往授课,有一讲的题目是《书业商之修养》。胡愈之曾说商务印书馆那个时候自由学习的风气和学习条件,那里的哲人们的治学态度和敬业精神,对他的成长有重大影响。② 中华书局的学习空气也很浓,书局人回忆:"中华书局像一所造就人才的工厂,在这里得以遍读群书,扩大视野,受到锻炼。"③之所以能遍读群书,还在中华书局给员工的学习提供了条件,中华书局有一个图书馆,1916 年建成藏书楼,1926 年改建成图书馆,编制属于编辑所,在商务印书馆东方图书馆 1932 年初毁于战火后,中华书局的图书馆就是上海最大的民营图书馆。解放初陈毅曾在舒新城陪同下参观该馆,并大加赞扬。中华书局对老年人才也很重视,1936 年底时,陆费逵致函舒新城:"编辑所副所长张献之先生函请辞职养病,弟已函复准其解除副所长职务,以免琐事烦扰,惟不许其回里,以便整理《辞海》并校改教科、参考等书。仍送原薪,有病许其不到,不扣薪。所有编辑所副所长职务,自廿六年(1937)一月份起,请金子敦先生担任。"④陆费逵在晚年常将自己在经营管理方面的意见写成书面意见,寄给书局各级负责人,也算是对重要员工的一种亲自的培训。

中华书局在对待人才的总体氛围上是严格而又和谐的。舒新城曾说:"老实说,我们用人的条件严于官厅及学校,待遇却不能超过官厅及学校。我们的同事所以还能维系,第一是靠着

① 陆嘉亮:《怀念与思考》,《回忆中华书局》上,第 68 页,中华书局 1987 年
② 陈原:《记忆中的胡愈之》,《界外人语》,第 278 页,商务印书馆 2000 年
③ 张明仁:《张文治先生遗事漫忆》,《回忆中华书局》上,第 130 页,中华书局 1987 年
④ 钱炳寰:《中华书局大事纪要(1912—1954)》,第 156 页,中华书局 2002 年

各人的志愿与兴趣;第二是靠着同事的感情;第三是靠着用人的大公无私,进退黜陟不讲情面;第四是靠着生活的稳定。"①

　　在设备的更新改造与技术引进方面,中华书局也不遗余力。引进过国外的技师,如日籍绘石技师金良吉和冈野,德籍绘石技师史密茨。由于有较好的技术条件,南洋兄弟烟草公司的大宗包装印件才能揽到手中。南洋兄弟公司是民族烟草企业,为了和外商英美烟草公司及其他同业竞争,力求装潢讲究,印制精美。中华书局印刷厂具有这样的技术条件,竞争中才能立足。在三十年代中华书局因为技术和引进设备,承接了过去要在国外做的印钞业务,这也改变了中国不能自印钞票的落后状态,使中国的印钞业得到发展。由于陆费逵重视印刷及人才,使中华书局在印刷技术设备、人才方面在国内首屈一指,超过商务印书馆。

　　3、类家族式管理是成功的环境

　　中华书局与商务印书馆是近代以来两家最大的出版机构,它们的出版经营范围大致相同,组织结构设置也有相类之处,但其企业管理却有着较大的相异性。中华书局领导者个人的"人治"色彩,比商务印书馆要浓厚许多。也就是说,中华书局的现代企业制度并不完善,员工们甚至习惯于中华书局的分工不十分清楚,责任也不十分明确的企业管理状况。舒新城日记曾有这样的记载:现在中国系过渡时代,本有封建主义、资本主义、社会主义三种形态并存。本公司原是在封建社会将开始崩溃时代产生的,最初之范围甚小,组织甚简,各种事务,多由总经理直接处理,各级人员亦多由直接指挥,遂形成家庭性质之集团。所谓事权并无严格的界限,大家习惯了,亦怡然相处,纵有事务处理或人员指挥之权限不清楚,彼此不甚介意,甚至于不问。20余年来,大家为此种习惯所陶铸,无形中形成一种习惯法。凡与此

---

①　舒新城:《中华书局编辑所》,《图书评论》1932 年第 1 期

种习惯相应者心理上自然有一种安顿,事务上也不感棘手。现在干部人员之最大部分都过此习惯的生活,所以大家相处很好。① 让人感觉有一种家庭式的氛围。而且在陆费逵的领导下,这样一个系统中无形中形成了一种传统,无论走到哪里,只要有中华书局分支机构的国内外任何地方,曾经在中华书局工作的人就一定可以得到照顾。②

由此来看,在中华书局的发展史上,陆费逵个人的因素有着举足轻重的作用。他这个灵魂人物就像书局里的一个大家长,很多事情都由他的"一言堂"来敲定。中华书局前几十年的发展说明,这样一个大家庭能够大体运作有效,靠了陆费逵的人治,到战前,中华书局已有员工约 5000 人③,资本 400 万元,各地分局 40 余处,年营业额 1000 万元④,如此规模的近代企业,主要靠的是陆费逵个人的家族式管理,也是一个异数。他的个人出版才能与个人魅力成为一种有效的约束力与凝聚力,维系着中华书局。陆费逵自述:"总之我不怕多办事,职务尽管加重,我还是悠然自得的,知我者恭维我善调度,不知我者说我不做事,自己看报谈天,却指挥助手,像煞有介事理。"⑤

这种模糊式的管理,加上陆费逵个人的平实亲和作风,为书局创造了一种较为宽松的氛围。知识分子多是清高而又不喜拘束的,自然最适应这样的工作环境,或者说这样的管理更易为他们所接受。陆费逵也曾提到,在中华书局,员工迟到早退,并不"计时扣薪"。据有的老员工说,陆费逵给部门负责人打电话询

---

① 舒新城日记,1936 年 1 月 13 日
② 钱歌川:《回顾五十年》,《回忆中华书局》上,第 105 页,中华书局 1987 年
③ 俞筱尧:《陆费伯鸿与中华书局》,俞筱尧、刘彦捷编:《陆费逵与中华书局》,第 232 页,中华书局 2002 年
④ 熊尚厚:《陆费逵先生》,《回忆中华书局》上,第 4 页,中华书局 1987 年
⑤ 陆费逵:《我的青年时代》,俞筱尧、刘彦捷编:《陆费逵与中华书局》,第 483 页,中华书局 2002 年

问生产进度,如得知尚未完成,也只是哈哈一笑了之。自称秉性爽直做事倔强不会适应环境的舒新城,在进入中华书局后觉得:"最使我悦服的,于办事之余,偶得一点闲谈的机会,便什么都不分,什么都不管,自由自在地大家谈作一堆。我常想这样的事业环境,似乎不是现在一般社会所能有,而我在中华书局曾亲切地享受了十几个月。"王云五在商务印书馆推行科学管理法,在编辑部实行计量管理,用工"总不外以成本会计为准则",①就受到过相当程度的抵制,引起风波。② 当然陆费逵也有其原则,总办事处庶务课主任刘某,系陆费逵仲弟的姻亲,在购买办公生活用品时有贪污行为,事发后,家属向陆费逵求情,并愿将贪污款退还,虽然数目并不大,只三四百元,如系一般人员陆费逵可能就不深究了,但因为是姻亲,陆费逵反而用重责将其解雇。③

　　看来,陆费逵在中华书局的管理,比较适合国情与近代企业尤其是文化企业初期发展的实际,你还不能说它不科学。只要有利于发展,有实际效果,从理论上看不科学的管理,或许也正是一种科学的管理,不合理当中寓含着合理。现代企业管理理论认为,一种家庭的氛围有利于企业文化的建设,不同的家庭会有不同的氛围,不同的家庭出来的孩子身上一定深深地烙着这个家庭的烙印,不同的企业走出的员工也烙着企业的烙印,他们身上有着各自企业文化的烙印,不同的企业有不同的风格,这是文化形成的差异。管理好一个企业,模式原本并非只有一种,但各有其门道则是必须的。

　　①　王云五:《岫庐八十自述》,第183页,商务印书馆(台湾)1967年
　　②　参王建辉:《文化的商务》有关章节,商务印书馆2000年
　　③　李湘波:《出版印刷事业的开拓者陆费伯鸿先生》,俞筱尧、刘彦捷编:《陆费逵与中华书局》,第77页,中华书局2002年

第三章 中华书局、商务印书馆双雄会

在中国近代出版史上,中华书局和商务印书馆可谓棋逢对手。陆费逵曾指出这两家出版机构早年有一点不同,即商务印书馆最初是"印刷馆",以印刷起家,中华书局则是"书局",以编辑出版教科书起始,最初并不经营印刷。① 但是后来两家都经营出版与印刷,中华书局的彩印还后来居上。中华书局异军突起,为此新出版格局的坐标系不得不重新设定。于是中华书局与商务印书馆成为行业领导者,两者的双雄会是民国出版的基本格局之一。在中华书局成立后的将近40年的时间里,中华书局与商务印书馆在出版的诸多领域展开了全面的同业竞争,骎骎乎几与商务印书馆并驾齐驱。中华书局1912年以2.5万元开张,以出版发行教科书获得厚利,资金也增长很快。不数年中华成为有八大杂志②、多种实业、数千员工的大型企业,直逼商务印书馆。在初期的竞争中,中华书局异军突起而商务印书馆节节失利。竞争最后是通过产品与货物来体现的,产品的竞争是最根本的,通过产品的竞争托起了中华书局与商务印书馆的品牌。当年两家竞争的四大焦点是四大产品门类,即教科书、工具书、古籍书、杂志。中华书局从初期即逐渐在这些领域与商务

---

① 陆费逵:《六十年来中国之出版业与印刷业》,张静庐辑注:《中国出版史料补编》,第273页,中华书局1957年

② 八大杂志为:《大中华》、《中华教育界》、《中华小说界》、《中华实业界》、《中华童子界》、《儿童画报》、《中华妇女界》、《中华学生界》。

印书馆形成竞雄的格局。用陆费逵自己的话说:"新制新式教科书之优良,八大杂志之风行,《中华大字典》之为空前良著,洵可谓盛极一时矣。"①1916年中华书局在棋盘街建成五层的总店,而紧挨的就是商务印书馆,文明书局又在商务隔壁,似乎是对商务印书馆形成夹击。中华书局与商务印书馆在各方面形成竞争态势,用王云五的话说是,"伯鸿都不肯放过"。②

一、教科书

美国出版家史密斯在《图书出版指南》一书中指出:"任何一个国家图书出版业发展的第一步,很可能是从学校用书开始。"③在某种意义上说,出版是教育的相关产业。教科书是近代中国出版最大的市场,一方面,自1906年科举废除后,学校与学生的巨增,是中国近代社会发展的基本国情之一。民国成立前后9年间,学校数增加了9万多所,学生则增加了320多万人。1928年到1936年,中小学学校增加近11万所,学生人数增加了近1000万人。④ 这样,对于教科书的需求也就达到空前的地步。另一方面,近代教育处在不断变革当中,从1904年清政府颁布中国近代第一个全国性法定学制系统"癸卯学制",到

---

①　吴铁声:《解放前中华书局琐记》,《回忆中华书局》上,第73页,中华书局1987年

②　王云五:《悼陆费伯鸿先生》,并见俞筱尧、刘彦捷编:《陆费逵与中华书局》,中华书局2002年

③　[美]史密斯著,彭松建、赵学范译:《图书出版指南》,第1页,北京大学出版社1994年

④　王余光:《中国新图书出版业初探》,第7—9页,武汉大学出版社1998年

1922年的新学制"壬戌学制",教育制度一直处在调整和改革的过程中,学制的改革意味着教科书市场的变数和竞争前提的存在。当时先觉的中国人都认为,改革教育为救国之本,而新型出版藉此得以萌芽发展。蔡元培曾对中国近世教科书的起源有所论列:"清之季世,师欧美各国及日本之制,废科举,立学校,始有教科书之名,为教习者,以授课之暇编纂之,限于日力,不能邃密。书肆诎于资而亟于利,以廉值购稿而印之,慰情胜无而已。近二十年来,始有资本较富之书肆,特设印刷所,延热心教育之士,专任其事,于是印刷工作始影响于普通之教育……"[①]并谓:"教育制度既革新,第一需要的,为各学校的教科书。旧式刻版法,旷日持久,不能应急;于是新式的印刷业,应运而生。"[②]言下之意是,出版业因了教育而得到发展。

商务印书馆以编辑了近代中国第一套完整的教科书发家。到1910年,商务印书馆各级教科书已达到531种(册),品种和发行网都已完成,形成了独占市场一家独大的局面。新起的中华书局也想以教科书起家,但要从这样的局面中夺得一分田地,既要天时,更需人谋。而陆费逵恰好兼具这样两条。他创办中华书局正是靠服务教育、编印教材起家的。《中华书局宣言书》开宗明义地说:"立国根本,在乎教育。教育根本,实在教科书。教育不革命,国基终无由巩固。教科书不革命,教育目的终不能达也。"又说:"民国成立即在目前,非有适宜之教科书,则革命最后之胜利仍不可得。"故而"爰集同志,从事编辑。半载以来,稍有成就。小学用书业已蒇事。中学、师范正在进行。从此民约之说,弥漫昌明,自由之花,乔皇灿烂。俾禹域日进于文明,华族获葆其幸福,是则同人所馨香祷祝者也。"并明确宣布本书局

①　转引王开宁、曾建华《蔡元培对新图书出版业的贡献》,《出版科学》2003年第4期

②　蔡元培:《三十五年来中国之新文化》,《蔡元培文集》卷三教育下,第527页,台北锦绣出版事业股份有限公司1995年

教育与出版——陆费逵研究

创办与出版的"宗旨四大纲"："一、养成中华共和国国民；二、并采人道主义、政治主义、军国民主义；三、注重实际教育；四、融和国粹欧化。"在《宣言书》的类似"总论"的文字之后，是逐一介绍中华系列教科书（10 种）的"编辑大意"。其中包括初等小学修身、国文、算术 3 种，高等小学修身、国文、历史、地理、算术、理科、英文 7 种。兹举初等小学修身教科书的"编辑大意"为例，文如下：

> 本书以养成中华共和国完全国民为宗旨，以独立、自尊、自由、平等为经，以公德、私德、国民科为纬。
>
> 本书用圆周法，每一年为一周。前三周注重学校、家庭，兼及社会、国家。第四周德目全备，尤注重共和国民教育。
>
> 本书第一、二册，因学生识字无多，全册图画。第三、四册，多假设故事，用简单文语。后四册兼用故事训词，既资模范，又便明理。
>
> 本书前四册，全用儿童能行之事。后四册渐及成人教材，以为将来立身之助。
>
> 童话寓言，趣味深厚，颇易感化，本书略采用之，以为语法之助。
>
> 本书文字，力求浅显。引用古书，恒加点窜，以期易解。
>
> 本书前二册，有图无文，目录亦不录入正文中，以免儿童难解。后六册文字，自十字左右，渐增至百字左右，惟必短于同程度之读本。
>
> 本书分八册，供初等小学四年之用。
>
> 本书图画丰富，以为儿童观感之助。
>
> 本书另编教授书，详述教授之法，以为教员预备。

这样的十则"编辑大意"，有学者说就是最好的新教科书的宣传广告。以往研究陆费逵的教育思想、出版理念，大多见首不见尾,只谈《宣言书》的头两段,而忽视后面的"编辑大意"。但若探究陆费逵的营销策略、宣传艺术,像上引的一类文字是必须引起同等重视的。《宣言书》除了刊载于当时沪上最大报纸《申报》,更全文刊载在中华早期刊物《中华教育界》1912 年 2 月第1 号,其广告效应是显而易见的。中华书局的新式教科书一炮打响,名利双收,一方面与其适应了辛亥革命胜利后教育形势的变化有关,另一方面也与其积极有效的营销策略有关。①

　　中华书局最初的一枪是瞄得准也打得很准的,它的创办者提出两个口号:"用教科书革命","完全华商自办",抢占了一个制高点。当时上海乃至中国最大的报纸《申报》在这一年的 2 月 26 日刊载了陆费逵表达这层意思的《教科书革命》。其中的含义是非常明显的公开的,每条都刺中商务印书馆的要害不说,更简直是对商务印书馆的公开叫板,给商务印书馆一个下马威。商务印书馆看到了自己的失误和教训,马上调整自己的方针,将旧有教科书大加改订,快速动作,不到一个月,1912 年商务印书馆编印了《共和国教科书》,其中有初小教科书 11 种,高小教科书 6 种,小学教员用书 16 种,中学教科书 23 种,中学教员用书 9 种。为照顾一些老校一时难以放弃旧学制春季始业的做法,另出版了国文、修身、算术、历史、地理、理科等春季用教材。② 显然商务印书馆快速动作取得了效果,全套教科书于秋季告竣,且利用自己的牢固基础稳住了阵脚。中华书局的第一波冲击力毕竟是有限的。虽然 1912 年商务印书馆受到的冲击是有限的,因为这一年,中华书局的全部营业额是 22 万元,商务印书馆全年的利润就达 28 万元,但仍让新起的中华书局在第一轮较量中拔得头筹,并从商务印书馆手中夺得一分天下。辛亥革命把教科书的蛋糕做大了,中华书局从这个蛋糕中切了一块,挖到了第一

---

① 范军:《陆费逵的书刊广告艺术》,《编辑学刊》2003 年第 4 期
② 王建军:《中国近代教科书发展研究》,第 3—4 页,广东教育出版社 1996 年

桶金。

商务印书馆和中华书局针锋相对,轮番推出和新学制相符合的新教材。1919 年陆费逵时在《中华教育界》第 8 卷第 1 期发表《小学校国语教学问题》。1920 年,商务印书馆和中华书局同时推出新教科书。商务印书馆的《新法教科书》,是该馆采用语体文的第一套教科书,中华书局的《新教育教科书》整套书都采用语体文编写。1923 年 4 月,教育部规定,至本年止,凡用文言文编写的教科书分期作废,逐渐改用语体文。商务印书馆出版新学制教科书,包括初小、高小、初中、高中各类教科书,为适应高中选科制的需要,这套教科书含有高中高工用教科书 14 种,高商用教科书 19 种,高农用教科书 12 种。中华书局则出版新小学初级用、高级用教科书和新中学初级用、高级用教科书各一套。① 以下是两家在二十年间的教科书品种目录:

商务印书馆	中华书局
1912 年《共和国教科书》	1912 年《中华教科书》
1916 年《实用教科书》	1913 年《新制教科书》
1920 年《新法国语教科书》	1914 年《新编教科书》
1923 年《新学制教科书》	1915 年《新式教科书》
1924 年《新撰教科书》	1919 年《新制国文教科书》
1928 年《新时代教科书》	1920 年《新教育教科书》
1931 年《基本教科书》	1923 年《新小学初级国语》
1933 年《复兴教科书》	1925 年《新学制初小教科书》
	1927 年《新中华初小国语》
	1933 年《新课标标准国语》

---

① 王建军:《中国近代教科书发展研究》,第 318—319 页,广东教育出版社 1996 年

陆费逵曾有致舒新城的一封信,内容为《论中国教科书史书》,论述两家在教科书方面的竞争:"民国元年,中华书局开办,所出《中华教科书》,颇风行。二年,范源廉入中华任编辑所长,编行《新制教科书》;三年,编《新科教科书》;五年编《新式教科书》。元年秋商务先出《共和教科书》。五年,复出《实用教科书》。文体教科书至今犹以《共和》及《新式》为巨擘。改语体后,商务出《新法》、《新学制》两种教科书,中华出《新教育》、《新小中学教科书》;商务又出文体的《新撰现代教科书》,中华又出《新小学国文》及高小各科之文体教科书。"[①]当时两家出版社的教科书编写班子,集中了国内的优秀人才甚至一流专家,中华书局有李登辉、黎锦熙等,这些编写班子都是出版机构自己建立的,用现在的话说编写人员都是编制内的正式职工。这是与当今的情形不大相同的,现如今只有人民教育出版社的教材可能是这种模式。

教科书要围绕课程标准来进行,所谓课程标准,略似现在的教学大纲。教育部长总在不断地更换,课程标准也总在变脸。新的标准出来,出版机器也就得开始新一轮的竞争。在几十年的教科书竞争中,从幼儿园、小学、中学、到大学,从师范、职业学校、补习学校到民众识字班,各类教科用书齐备。中华书局编写的教科书,涉及学科门类广,凡政府颁布的课程标准中所罗列的几乎所有课程,中华书局都编写有相应的教科书。据统计,民国期间中华书局一共编写了 10 套小学教科书,8 套中学教科书,8 套师范用书,1 套中等农业教科书,1 套中等商科教科书和 1 套大学用书。[②] 据陆费逵自己说,全中国各类学校教科书,中华书

① 陆费逵:《论中国教科书史书》,张静庐辑注:《中国近代出版史料初编》,第214 页,中华书局 1957 年

② 吴永贵:《中华书局与中国近代教育》,第 50—51 页,武汉大学博士论文,2002 年

局占有 3/10。① 当然,商务印书馆的份额要更大些。

在研究中华书局与商务印书馆在教科书方面的竞争时,以下几点值得特别注意:

其一,两家如此争夺教科书,除了社会需求外,主要地还在于教科书给出版商带来的利润高于其他出版物,如在中华书局任过编辑所副所长又长期主抓教科书的金兆梓所说:"在那时资本主义经营方式下,教科书是各家发行的最大目标,因为它利润最大销数最稳定。"②

其二,教科书是近世几家大出版机构的主要业务。商务印书馆有编译所主持教科书,中华书局则有教科书部专司此职。各家总是拿出自己最强的力量投入,编写人员作为自己正式的编制,在报上刊登广告,还有特制的宣传品和样书分送,后来还给经销人以回扣,有些推销人员去联系用户也给额外优惠。在1924 年以前基本上就形成了商务印书馆与中华书局两家的教科书领先地位。从 1912 年到 1949 年,中华书局出版教科书 400余种,还只占教科书市场的三成,而商务印书馆仍为老大,长期独得六成。后来有世界书局挤入教科书市场,之后又形成商务印书馆、中华书局、世界书局再加上正中书局、大东书局、开明书店、文通书局等教科书的所谓"六联"与"七联"。

其三,中华书局参与教科书竞争,提高了中华书局与商务印书馆各自教科书的质量。当时教科书格局未确定前,有许多中小出版社都参与了教科书大战,但多为纯粹营利,失去了知识分子的应有理想。故陆费逵曾谓,中华书局一成立,我国教科书有竞争之故,乃大进步。进步在哪儿? 在于他抓住了时代感,陆费逵本人曾归纳中华书局教科书的最大特点,是"本最新之学说,

---

①　陆费逵:《六十年来中国之出版业与印刷业》,张静庐辑注:《中国出版史料补编》,第 277 页,中华书局 1957 年

②　金兆梓:《我在中华书局三十年》,《回忆中华书局》上,第 228 页,中华书局1987 年

遵教育部通令,以独立、自尊、自由、平等之精神,采人道、实业、政治、军国民之主义。程度适合,内容完善,期养成完全共和国民以植我国基础。"①应该说,中华书局教科书的质量是良好的。历史学家邓广铭先生曾经回忆幼时读书学校里全部用的是中华书局的课本:"这些教科书使我的耳目一新,扩展了我的视野,也开拓了我的思路。"②也如有的学者所说,正是在近代教科书的编写中,使一些新旧作品成为经典,至少表明他们形成经典的过程渐趋完成。③ 中华书局在教科书领域参与竞争,使商务印书馆感受到压力,从而更注重质量,注重教科书的修订。汪家熔先生的研究说:据蒋维乔1903年至1912年初的日记,商务印书馆的《最新教科书》1904年编成后从未修订,更无重编的打算。一套问世已8年的课本,仅仅做的是"减少页数"的工作。直到看到中华书局成立宣言书中所说"爰集同志,从事编辑。半载以来。稍有成就。小学用书业已蒇事,中学师范正在进行",商务印书馆这才着了急,编辑新的课本.此后的商务印书馆教科书不再是"八年一贯制",而是注重完善,经常重编。前引从1912年到1937年的25年间,两家出版的课本书单也说明,中华书局成立后,有了竞争,教科书的更新大大缩短。④

其四,竞争中的营销手段是多方面的和有效的。在陆费逵所处的时代,报纸是最重要、最有影响力的大众传播媒介。作为至今仍是印刷媒体中影响最大的报纸,其广告具有读者广泛、稳定,传播迅速及时,能给人留下深刻印象,便于查找等优点。陆费逵深谙通过报纸进行图书宣传的作用,亲自动笔在当时读者

① 陆费逵:《教科书革命》(节选),吕达主编:《陆费逵教育论著选》,第100页,人民教育出版社2000年

② 邓广铭:《追怀中华书局总编辑金灿然同志》,《回忆中华书局》下,第188页,中华书局1987年

③ 徐雁平:《胡适与整理国故考论》,第251页,安徽教育出版社2003年

④ 汪家熔:《近代出版人的文化追求》,第195页,广西教育出版社2003年

面最广、发行量最大的报纸之一《申报》上宣传本书局的教科书及相关的教学指导用书。书推出的时候，又以最快的速度在刊物、报纸上进行营销宣传。如1912年4月2日在《申报》头版发满版广告"新编教科书五折发售"；《新中华》杂志1935年下半年各期刊登广告，小学课本均六折发售，初中、高中及师范教科书则八折发售。其中小学教科书，广告中称其特色是"根据学历时令，切合儿童生活，发扬民族精神，注重生产教育"。为了推广教科书，两家大做其广告，大打广告仗。1933年五六月间，中华书局为推广自家的《新课程标准教科书》，曾七次在《申报》上大规模地做广告宣传，几乎同时，商务印书馆《复兴教科书》的广告也寸步不让地交错进行。

其五，在竞争中注意协调各处的利益格局。1921年底，中华书局与商务印书馆这对老对手间签订了关于销售小学教科书的协议，计二十一条，内容有发行折扣、回佣、赠品、对分局补贴限制以及违约罚款等。

以上主要分析中小学教科书。在大学教材方面，两家出版社也有一番竞争，商务印书馆从"一二八"重建起，就把大学教科书列入计划，名曰"大学丛书"，并建立大学丛书委员会，聘请有关专家审订。1933年开始出版，到1937年战前，已出200多种。中华书局从1936年也开始大学课本的出版，即"大学用书"丛书。到陆费逵病逝前也有数十种出版。[①]

由中华书局和商务印书馆展开的教科书之争，从出版业出版类型自身看，教科书出版开创中国教育出版的先河，中国的教育出版是从这里出发的。从更广阔的视野看，教科书的竞争切实地表明近代出版辅助了基础教育，提高了教科书的质量，增加了教学用书的选择余地，降低了书价，给了学生和家长实惠，而

---

① 王建辉：《文化的商务》有关章节，汪家熔：《近代出版人的文化追求》，第323—324页，广西教育出版社2003年

最主要的直接的结果是,"正当人们越来越渴求知识的时候,教科书使得大规模的公共教育成为可能"。① 通过教科书提高了近代中国人口的文化素质。这是两家竞相出版教科书的最大的社会意义与历史意义。

二、工具书

陆费逵对于辞书情有独钟,也曾发愿要编辑大型辞书。他所主政的中华书局与商务印书馆两家展开同业竞争,工具书自然是竞争的重要领域之一,因为当时新学科新知识传入后,国人对于工具书的需求既是迫切的,也是大量的,新式工具书的编辑出版成了出版业一个新的领域。中国这两大主要的出版社在这方面的竞争也是空前激烈的。先简略看看两家工具书对应情况,这种对应就在一定程度上反映出竞争的基本面貌——

商务印书馆	中华书局
《新字典》(1912)	《中华大字典》(1915)
《学生字典》(1924)	《新式学生字典》(1917)
《国音字典》(1919)	《国音普通字典》(1921)
《国音学生字汇》(1919)	《中华新式字汇》(1924)
《辞源》(1915)	《辞海》(1936)
《综合英汉大词典》(1928)	《中华汉英大辞典》(1930)
《四角号码词典》(1929)	《中华百科辞典》(1930)

---

① 施拉姆:《传播学概论》,第18页,新华出版社1984年

在教科书落后中华书局一步后，商务印书馆迅即调整方针，除在教科书方面做好布置外，再将已经编好的《新字典》也"重加厘订，以求适于民国"。① 语言文字辞典的编辑出版，遂又成为一二十年代工具书竞争的一大焦点。因为当时推行国语运动，教育当局也规定了国音标准。商务印书馆的此类辞典一向销路好，像《学生字典》、《国音字典》印数就很大，《国音学生字汇》先后出售了 400 万册以上。② 这些书带有教育行政当局一定的规范性，在几十年间均发行了几十版。

中华书局也看准了这块肥水田，从一成立就着手编辑一部大字典，这就是《中华大字典》。编纂字典是陆费逵一桩夙愿，"癸卯在鄂，忽发大愿，期以十年编纂一新字典。学力薄弱，赞助乏人，不数月而困难百出，遂以中辍"。在陆费逵那里，要编辑这样一部大字典，起因来自三个方面，一是读者有需求，"世界愈文明，字典之需要愈急，学子之求学，成人之治事，皆有一日不可离之势"；二是当时新学科新知识传入后，国人对于工具书的需求是迫切的，旧的字典如《康熙字典》等不能适应新的需要，必须有替代品；三是国外有大量的好的字典可资参考，英日等国"近年词书之发行，大有一日千里之观。独吾国寂然无闻"。③ 对于一个有爱国心又发愿做一番事业的文化人来说，编辑这样一部大辞书都是不可推脱的责任，更何况新的辞书还可能是最大的商机呢！现在陆费逵手上拥有一个像样的书局，可以实现编纂字典的愿望了，但他并不急于出手，尽管手头上已经收购了一部由欧阳溥存编纂的字典书稿。他把它交给了可靠的人徐元诰慢慢打磨。商务印书馆有《新字典》在前，这又成了中华书局赶超的一个标本。商务印书馆的《新字典》是从按实用

---

① 李思敬：《百年读史的思绪》，《出版广角》1998 年第 2 期
② 商务印书馆编印：《商务印书馆》，1950 年，转见王余光等：《中国新图书出版业的贡献》，第 21 页，武汉大学出版社 1998 年
③ 陆费逵：《〈中华大字典〉叙》，《中华大字典》，中华书局 1930 年

要求编写的《辞源》中摘取字头而成,是一部检查常用次常用字的小型字典,中华书局取其大,以历史上最有名、影响最大、收字最多的《康熙字典》(成书于 1716 年,收字 47035)为追赶目标。对于古人的这样一部大字典,陆费逵指出其四大弊:"解释欠详确,一也;讹误甚多,二也;世俗通用之语,多未采入,三也;体例不善不便检查,四也。"编辑如此规模的一部大字典困难很多:"吾国通用铅字,不足七千。吾局字数较多,亦不过万余而已。字典所用之字,凡四万余。临时雕刻,费巨而时缓。益以校对甚艰,校至二十余次,尚不能必其无误。此书前后凡亘六年,与其事者,至三四十人;凡二千余页,四百余万言。哀然两巨册,重至十四五斤。编辑印刷之费,至四五万元。亦可谓艰巨之业矣!"①克服了编纂、排校与资金多方面的困难,几年之后,《中华大字典》终于 1915 年初版,收字 48000 余,总字数 400 余万,按部首排列,用反切和直音注音,分条解释字义,引例注明出处,对籀、古、俗、讹和近代翻译新字,均作辨明。同时校对原书,发现《康熙字典》书证错误 4000 余条。②《中华大字典》是辛亥革命之后最早出现的一部重要辞书。陆费逵本人也是参订者之一。专家认为在诸多方面超过了《康熙字典》。行世后 70 多年时间里一直是我国收字最多的汉语字典。陆费逵称之为"盛极一时"的"空前良著"。

在此后中华书局更相继推出一系列国语辞典,以从商务印书馆夺得一分天下——

《国音普通字典》(1921),《中华国音新字典》(1921),《国音熟字表》(1921),《国音小字典》(1921),《(中华)注音国语字典》(1921),《国音小检字》(1921),《中华国音新检字》(1922),《注音新词林》(1921),《中华新式字汇》(1924),

① 陆费逵:《〈中华大字典〉叙》,《中华大字典》,中华书局 1930 年
② 陆费逵:《〈辞海〉编印缘起》,《辞海》,中华书局 1936 年

《标准国音学生字典》(1935),《标准国音小字典》(1936),
《辞海》(1936)。①

中华书局工具书中最重要的还是《辞海》。

从《辞海》的取名看,它是针对商务印书馆出版的《辞源》而
来的。《辞海》成书之难比起《中华大字典》更有过之而无不及,
难在哪里? 陆费逵以《编印缘起》一篇文字有过叙说:首先是组
织不易,历时达 20 年之久。主持者数易其人,也数易其稿。从
1915 年秋开始策划,先后由徐元诰、范源廉经办。1927 年又延
请舒新城接手,1930 年舒改任编辑所长,又由张相、沈颐董其
事。最后四年由沈"主持之力为最"。"先后从事者凡百数十
人","可谓艰巨之业"。编纂工作时续时辍,主办人先后易手多
次,都未能毕其功。这样旷日持久的巨大的人力和物力的耗费,
对于一家民营出版业来说,代价实在太高。陆费逵多次邀请舒
新城来主持编辑这样一部大工具书,请舒出马是《辞海》编纂过
程中最为关键的一着棋,因为此后是书编纂改弦易辙,变更方
针,以收新词为主。

其次是内容难定,陆费逵指出编纂有五难,其一曰选辞之
难,无异于披沙拣金;其二曰解释之难,需综合古今去其重复合
其异同始成定稿;其三引书名篇名之难,盖因前人著书不著篇
名;其四标点之难,往往讨论二三句之点至费二三人竟日之力;
其五校印之难,全书字数七八百万丝毫不能讹误。② 舒新城说,
这五难"均属事实,亦为本书之特点"。③ 发排前夕,为该书题写
书名,中华书局诸人四处活动,陆费逵也亲自出马奔走于书法名
家之门,得到不少法书妙墨,但由于所得太多,碍于情面不好定
夺,最后集古碑而成。几经周折,披沙拣金,1936 年此书出版

---

① 中华书局编辑部编:《中华书局图书总目》,第 247 页,中华书局 1987 年
② 陆费逵:《〈辞海〉编印缘起》,《辞海》,中华书局 1936 年
③ 赵春祥整理:《舒新城日记》(选载二),《出版史料》1987 年第 3 期

时,计收单字 1.3 万余个,词目万 10 余条,逾 800 万字,当时中国各书局所备汉字铜模多者 8000 余个,中华书局特为此书加制 8000 余个。中华书局的这本《辞海》,因为较商务印书馆《辞源》后出约 20 年,取其长而补其短,因此后来而居上,销售数量远远超过《辞源》。

陆费逵对于《辞海》的贡献,其实可以做成专文讨论。他做的许多工作可以概括为发起、决策、经营,他直接参与了许多具体的工作,舒新城日记中就有如下记载,如"世界"条,"嘱多打校样两份,分送伯鸿与我";"伯鸿昨来电谓预约不用折扣而写实收价目,意在避免折扣之嫌,用心甚周";"与伯鸿商定《辞海》广告办法"等等。①

陆费逵们很善于经营,以《中华大字典》为蓝本,中华派生出许多副产品,如缩印本及《中华中字典》(1916 年)、《实用大字典》(1918 年)。《辞海》前后也出版了六个版本,根据版本大小用纸不同而售价有别,以满足不同的需求,各种版本的印刷总数在 100 万部以上。这是一种今人也要叹服的销售业绩。这种办法当时叫做"一鸡多吃",即在一部大书的基础上,翻出几个品种以适应不同读者的需要。对于工具书,陆费逵其实还有更远大的志向,他在《辞海编印缘起》一文中表达了自己的宏愿:"天若假我以年,吾当贾其余勇,再以一十年之岁月,经营一部百万条之大辞书也。"只是天公不作美未能假其以年,加上战争与时势的变易,这样的大工具书要待几十年后由中国出版事业的后继者们来完成。

---

① 赵春祥整理:《舒新城日记》(选载二),《出版史料》1987 年第 3 期

三、古籍出版

用现代出版技术来出版中国古籍,是近代出版的一大发明和功绩,也是受到当时社会出现的整理国故思想的影响。任何学术文化思潮的兴起与传播,都离不开与出版业的合作,更多的是两者之间的相互借力。近代新出版业大规模重新出版古籍,是商务印书馆发端的。它是老大,在资金和技术方面拥有实力,而其设立的藏书楼早就搜集了不少的古籍善本,这也为古籍的出版提供了条件。张元济在《印行四部丛刊启》中就说到:"上海涵芬楼留意收藏,多蓄善本,同人怂恿影印,以资津逮。间有未备,复各出公私所储,恣其搜揽,得于风流阒寂之会,成此《四部丛刊》之刻。"据有人统计,从出版种数看,商务印书馆所出古籍占其全部出版物的一半或略强。[①] 古籍出版最能体现一个出版社的实力,这是实力与水平的竞争。中华书局自然也不甘人后。这场竞争比教科书来得晚,二三十年代是古籍出版的鼎盛年代。

商务印书馆	中华书局
《四部丛刊》(1919—)	《四部备要》(1920—)
《道藏经》、《续藏经》(1923)	《聚珍仿宋版二十四史》(1930)
《百衲本二十四史》(1930)	《古今图书集成》(1934—1942)
《四库全书珍本》(1933)	
《四部丛刊续编、三编》(1934—1935)	
《丛书集成》(1935)	

上述清单,不含 1915 年文明书局被中华书局兼并,但仍以

---

① 刘洪权:《王云五商务印书馆的古籍整理》(未刊稿,或刊《出版科学》)

文明书局或进步书局名义出版的大量古代笔记小说,如《说库》170 种,《清代笔记丛刊》160 册,《笔记小说大观》500 册。①

这些古籍图书的出版都是很浩大的工程。对每一种,陆费逵与书局都下了功夫欲求制胜。先以两家的《四部》为例,且看两家是如何展开竞争的。商务印书馆的《四部丛刊》偏重于版本,所收善本均属一流,中华书局的《四部备要》则别辟蹊径偏重于实用,其取名的意思在陆费逵写的缘起里有所表明:"经、史、子、集最要之书,大略备矣。"②是书有五集,分年出版,共计2500 册。从策划编辑的时间看,明显是要与商务印书馆一争高低。中华书局《四部备要》在后,正可以以长攻短,后来居上。以自己的实用来攻商务印书馆的版本,多数读者的选择也就不言自明。而从选辑之谨严,校对之精审,字体之优美,印刷之精美,均可见中华书局是下了真功与苦功的。《四部丛刊》计 2100册,出版后至 1934 年已经重印三次,前二次印数超过 5000 部尚供不应求。《四部备要》也于 1922、1924、1926、1934 年四次印刷,并出版了点句本、洋装本。在出版时,商务印书馆刊登广告,说《四部丛刊》照古本影印,不像一般排印本的鲁鱼亥豕,错误百出。中华书局针尖对麦芒,在预约样本中说可与宋椠元刊媲美,并刊出广告,说自己的《四部备要》根据善本排印,经过多次校对,还订正了原本错误,不像影印古本,有以讹传讹之嫌。中华书局进而在《申报》刊出广告悬赏,如有人能在达 2 亿字之多的《四部备要》中指出错误,"正误一字,酬银 10 元"。如此做法,使人大有古之《吕氏春秋》的现代版之慨。秦时吕不韦集门徒著《吕氏春秋》,"布咸阳市门,悬千金其上,延诸侯游士宾客

---

① 王余光:《论中国新图书出版业的文化贡献》,第 41 页,华中师范大学博士论文,1993 年
② 陆费逵:《校印四部备要缘起》,张静庐辑注:《中国现代出版史料甲编》,第365 页,中华书局 1957 年

有能增损一字者予千金"。① 后经读者来信指出其中错误,书局
付出酬金数千元,重印时得以改正。这样的作法,既表明主持者
善于经营,看重广告效应,也说明注重质量。五集告成后,陆费
逵还打算扩大规模,增至 8000 册,并向社会征求善本。而商务
印书馆也拟辑印《四部丛刊》的续编。张元济有封信颇能说明
当时两家的竞争:"近中华发售《四部备要》,大张旗鼓。本馆因
重印《四部丛刊》相抵制,并拟将历年预备之续集及古本二十四
史陆续发行。"②为何还要加印史部呢? 因为商务印书馆的《四
部丛刊》最初出版时,正值其百衲本二十四史出版,故未收史
部。现在中华书局的备要面世,就使丛刊的这一缺失凸显出来
了,缺正史故四部不成其为"四部"了。而中华书局抓住这一点
上大做文章。

　　这两家出版巨头并不是简单地你出一种,我出一种,或我跟
一种,而是在方法与方式上匠心独运,或人弃我取,或有所开新。
张元济的商务印书馆主要出影印本,陆费逵的中华书局则推出
排印本。郑振铎曾论及这两种方法的优劣:"石印法(其实还包
括后来的照相影印——引者)不改变原书行列款式,不会有什
么错字,这是其便利妥善处。然卷帙过于繁重,费工费时过多,
售价过高,非一般人所能有,此是其弊。铅印法,比较的省篇幅
省纸张,定价可以便宜些。此是其利。然其弊,则在校对疏忽,
错字太多。"③陆费逵的中华书局主要用的排印,是商务印书馆
在出版古籍之初舍弃的,而陆费逵曾认为影印之法,"当兹四海
困穷之时,能以千元购书者,究有几人? 非普及之道"。④ 所以
他印《古今图书集成》,在影印的基础上拼版。这也是一种创

---

① 司马迁:《史记・吕不韦列传》
② 张元济致孙壮函,《张元济书札》(增订本),第 455 页,商务印书馆 1997 年
③ 郑振铎:《向翻印"古书"者提议》,《文学》2 卷 6 号,1934 年 6 月
④ 陆费逵:《〈古今图书集成〉影印缘起》,吕达主编:《陆费逵教育论著选》,人
民教育出版社 2000 年

新。王云五主掌商务印书馆反过来，又以新式观念、整理方法和印刷形式出整理本（如《学生国学丛书》、《国学基本丛书》），这又是一大进步。如梁启超曾说："中国书没有整理过，十分难读，这是人人公认的。"①中华书局与商务印书馆这两家的竞争推动了古籍的新整理。

两家在出版这样大部头的古籍图书时，都采取预约出版的方式。即在图书未正式出版之前，出版者先期收取购书人的预约金。中华书局 1921 年 12 月开始在《申报》上发售《四部备要》预约，在随后的十个多月里，共计预约文告 47 次，每月平均有四次之多。② 至 1926 年，中华书局《四部备要》仅在奉天一省的定户就有 145 部，购者如下：1、官厅，20；2、学校，29；3、图书馆，9；4、报馆，1；5、官绅商学界个人，86。③ 1935 年出版《古今图书集成》，全书定价 800 元，预约价一次缴清者 400 元，分几次缴清者 440 元，预约价比定价低近一半，比当时的批发价还要低廉。这是当时出版者们创造的一种新销售办法。这样，出版者既可以做到心中有数，以销定产，以需定产定供，也可以先期收回一部分或全部投资，规避出版风险。

再如《古今图书集成》，也是陆费逵提议影印行世的，④前后费时 6 年，不仅费尽周张借齐最好底本，而且尽管原本印刷就比较清楚，中华书局在影印之前，还是将原本拆散，以原书九页拼裱成全开大张，每页底稿与现今全开报纸差不多大小，投入大量人力对原本进行描修，用白粉涂去墨污，所以缩小拍照制版胶印后，字体虽仅老五号大小，也还比较清楚。对于这部书的功能，陆费逵说："我国图籍浩如烟海，研究一学问，检查多种图书，不

① 梁启超：《治国学杂话》，见《胡适文集3》，第 117 页，北京大学出版社 1998 年

② 吴永贵等：《中国出版通史》民国卷，书评与书业广告章，未刊稿

③ 《中华书局〈四部备要〉定户一览表》，《申报》1926 年 12 月 30 日

④ 《陆费伯鸿先生年谱》，第 149 页，台湾中华书局 1977 年

惟废时废力,抑且无从下手。……此书则每一事项将关系之书分条列入,一检即得。古人云事半功倍,此真所谓事一功万也。"①

陆费逵为了在古籍出版方面取得优势,在 1919 年便与聚珍仿宋印书局合作,这家书局由丁氏兄弟建立,创制了一种聚珍仿宋字体,获得专利,字体精雅,古色古香,特别适合印行古籍。1921 年该印书局正式并入中华书局总厂,其后中华书局内设聚珍仿宋部,以此作为招牌出版古籍,包括前说的古籍都是如此产生的。

商务印书馆、中华书局这两家出版巨头在二三十年代大量翻印古籍,1935 年成为近代出版史上翻印古籍极盛之年。这场古籍出版的竞争,是社会思想领域的反映,是学界整理国故的成果体现,我们先不去评论它的功过得失,但就出版角度而言,出版总是与时代一致的,或者说受到社会性的影响的,这一场竞争是积极的,对于保存国粹也是一大贡献。古籍重新整理出版兴起之时,梁任公还在世,即予赞许,称为旷古所无。有学者指出,以商务印书馆《四部丛刊》开其端,中华书局《四部备要》继其后的这两大文化工程,代表了中国古籍出版的一个新纪元,实是继乾隆纂修《四库全书》而后数百年来中国文献整理事业的最大盛事,而这样的盛事却是由两家民营出版社完成的,不能不令人生出许多感慨。② 陆费逵这一干中国出版家的气势与魄力,就此可见。

---

① 陆费逵:《影印古今图书集成缘起》,张静庐辑注:《中国现代出版史料甲编》,中华书局 1957 年

② 王余光、吴永贵、阮阳:《中国新图书出版业的文化贡献》,第 55 页,武汉大学出版社 1998 年

四、杂志出版

杂志的兴起是 20 世纪中国的一件引人注目的事情,尤其是在前三分之一的时间里。在现代文明兴起之际,杂志承担着"传播者"与"教育者"的双重职能。王国维曾说:"庚辛以还,各种杂志接踵而至。"邓实 1903 年指出,以学术思想养成国人之政治思想是"今日之急务",其途径则是"养之于新闻杂志"。"五四"后熊十力观察到:"今日优秀之才,多从事于杂志。"①陆费逵则是这样论述杂志的起始的:"我国杂志之出版,肇始于《时务报》,梁任公实主持之。"②杂志的出现,重要的是培养了一批杂志的读者,扩大了思想学术的影响,同时也扩大了出版对于社会人心的辐射以及对生活的影响。

而出版机构办杂志具有得天独厚的条件,也是新出版与旧出版相区别的所在。进而观察,出版机构办杂志最主要的还是商务印书馆与中华书局两家,一争高下是两家的竞争策略。陆费逵在出版生涯中"以尽力杂志为怀",并以办杂志做为中华书局的既定方针。③ 这是十分难得的。陆费逵创办中华书局之前,原是编杂志的好手。他认为"杂志是文明国必需品"。④ 中华书局创办之初即创刊八大杂志,依次是:《中华教育界》(1912)、《中华小说界》(1913)、《中华实业界》(1913)、《中华童子界》(1914)、《儿童画报》(约 1914)、《大中华》(1915)、《中华

---

① 罗志田:《国家与学术:清季民初关于"国学"的思想论争》,第 308 页,生活·读书·新知三联书店 2003 年

② 陆费逵:《〈大中华〉杂志创刊宣言书》,《大中华》杂志 1915 年第 1 卷第 1 期

③ 钱炳寰:《中华书局大事纪要(1912—1954)》,第 17 页,中华书局 2002 年

④ 陆费逵:《六十年来中国之出版业与印刷业》,张静庐辑注:《中国出版史料补编》,第 281 页,中华书局 1957 年

妇女界》(1915)、《中华学生界》(1915)。甚至于这八大杂志中最早的一个《中华教育界》，差不多是与他的教科书出版同步进行的，1912 年 1 月下旬出了第 1 期，而教科书营业是在下个月的下旬才正式开张的。当然教科书的准备时间可能更长吧。

再看商务印书馆的杂志名单，《东方杂志》(1904)、《教育杂志》(1909)、《小说月报》(1910)、《少年杂志》(1913)，《学生杂志》(1914)、《妇女杂志》(1915)，两相对照，可以看出两家几乎所有的杂志都形成对局。各种已由商务印书馆草创的杂志，都被中华书局效法与模仿，或者说形成有针对性的与之争锋。教育类杂志不必说，由梁启超主编的《大中华》在风格与取材上与《东方杂志》也十分相似。1914 年商务印书馆创办《学生杂志》，中华书局很快在一年后推出相应的《中华学生界》。双方都在 1915 年创办妇女杂志。商务印书馆在前，导夫先路；中华书局在后，跟进不舍。同商务印书馆比较，陆费逵的中华书局更注重创"中华"这个品牌，注意打"中华"牌，基本上都冠以"中华"的字号，或许也是与商务印书馆有所区别。这也是他的经营理念的一个具体体现。陆费逵当年曾自豪地说中华八大杂志之风行盛极一时。从这个名单可以看出，两家出版社在办杂志上基本上保持了严肃文化的格调，代表了中国杂志的最高水平。中华书局其他的杂志在"民六危机"中相继停刊，而《中华教育界》却存在下来，与商务印书馆的《教育杂志》一起成为最重要的教育专业刊物。

以后中华书局还陆续创办过其他 10 余种杂志，代为发行的杂志也有 20 种，①创刊的如《中华英文周报》(1919)、《小朋友》(1922)、《新中华》(1933)。其中《小朋友》其时风行全国，就是在交通不便的乡间也可见到。儿童文学作家陈伯吹说："它不

① 吴铁声：《解放前中华书局琐记》，《回忆中华书局》上，第 88 页，中华书局 1987 年

仅作为我给学生们选择课外补充读物的宝库,同时也作为我学习写作的蓝本,它是我在文学修养、写作实践上不出声的一位好老师。"①《小朋友》杂志与商务印书馆的《儿童世界》也展开了竞争。在创办时间上,《儿童世界》创刊于 1922 年 1 月,3 个月后《小朋友》行世;在读者对象上,全都瞄准 10 岁左右的儿童;在编辑方式上,两家刊物都在封底上刊登小朋友照片,以吸引小朋友。② 代为发行的有名的杂志,如吴宓主编的《学衡》(1922)。③《中华教育界》、《小朋友》和《中华英文周报》三大教育期刊,刊行时间都在 20 年以上,是中华书局杂志出版的三大主打产品。④

　　如果动态地来分析,更可见两家竞争之烈。商务印书馆从 1904—1911 年间创刊 4 种期刊,中华书局在 1912—1915 年间办 8 种期刊,之后商务印书馆紧接着又创办了 4 种。这种竞争带给读者以好处,据有学者估计,商务印书馆前 50 年间,或编辑发行杂志总量在七八十种以上,而中华书局前后出版发行的数量也在 40 种左右。⑤

　　陆费逵对于办杂志的介入不亚于对于教科书的关注。他办杂志,都是亲自参与策划的,从大政方针,到具体事务,他都亲力亲为。他在由中华书局创办并聘请梁启超主编的《大中华》卷首的《宣言书》中,表达了办这份杂志的宗旨:"《大中华》杂志之目的有三:一曰养成世界知识,二曰增进国民人格,三曰研究事理真相,以为朝野上下之南针。欲达第一项目的,故多论述各国大势,绍介最新之学说。欲达第二项目的,故叙

教育与出版——陆费逵研究

---

①　陈伯吹:《我和中华书局》,《回忆中华书局》上,第 111 页,中华书局 1987 年
②　吴永贵:《〈小朋友〉的编辑特点》,《编辑之友》2002 年第 6 期
③　王建辉:《吴宓与中华书局》,载《老出版人肖像》,江苏教育出版社 2003 年
④　吴永贵:《中华书局与中国近代教育》(初稿)第 3、4 节,武汉大学博士论文 2002 年
⑤　吴永贵:《杂志上的图书叫卖声》,《中国图书商报》2003 年 7 月 18 日

述个人修养之方法及关于道德之学说。欲达第三项目的,故研究国家政策与社会事业之方针,不拘乎成见,不限于一家之言,一以研究为宗,即有抵触冲突言论,亦并存之。"再如《小朋友》的创刊,出刊日期在 1922 年的 4 月,但早此一年的秋天,陆费逵就与黎锦晖、王人路、陆衣言、黎明等一起,多次酝酿和磋商刊物出版事宜。并共同拟订了一个初步的计划:"五个人约定一同供给稿件,又各负专责,分工合作,由伯鸿主持一切,指挥印刷发行,锦晖编辑,衣言排校,人路绘画,黎明翻译,各有所司。"①

以中华书局与商务印书馆为代表的现代杂志的兴起,对于中国近代文化与中国近代知识分子的转型,意义是十分重大的。正是因为有了杂志这种生活方式,中国现代知识者才有可能与传统的封建士大夫群落从根本上区别开来而成为现代意义上的知识者群体,长期从事杂志投稿与期刊编辑,常常能够从一定程度上改变某些文化人的人生选择。②

五、竞争补说

中华书局与商务印书馆在以上几个方面形成的竞争局面,是中国近代出版业产品竞争的基本格局。见证过这种竞争状况的曹聚仁曾说过一句话:"中华书局的教科书、字典、辞典一类的书编得不坏,销行得也不错,可是以出版数量来说,还不及商

---

① 黎锦晖:《〈小朋友〉创始时的经过》,见《小朋友》编辑部:《长长的列车——〈小朋友〉七十年》,少年儿童出版社 1992 年
② 刘增人:《作为编辑家的徐志摩》,《闲话》第二辑,青岛出版社 2008 年

务印书馆的十分之一。"①这句话说对了一部分,前半句是对的,后半句显然缺乏数字的具体分析。这里暂不想对曹氏的言论做辩证,且从以下方面进一步展开言说。

1、竞争的基本策略

从上述的分析中,我们已经可以看出,中华书局在同业竞争中常采取与商务印书馆产品跟进或者叫"跟踪超越"的策略。用美国现代经济学家托马斯的说法,企业为在竞争环境中建立竞争优势,就要把不断推出新产品作为实现其目标的一个极为重要的手段。② 商务印书馆由于其实力在中国出版业位居老大,在竞争上是产品领先型战略,用商务印书馆主政者张元济、王云五们的说法是"编著书籍当激动潮流不宜追逐潮流",③中华书局作为后起者实力毕竟逊于商务印书馆,更多的是产品紧跟型战略。不过仔细分析一下,中华书局的产品紧跟型战略是一种主动的自觉的战略,企业选择不首先创新,而是通过学习领先者的经验,通过模仿改进,来规避风险和降低开发成本,也不失为一种重要的明智的竞争策略。因为任何新产品都不可能完美无缺,天下独占,都会给后来者留下许多空间和机会。

跟进不是跟风,而是借风驶船。这里的意思是,中华书局处处留心借鉴商务印书馆的经验,毕竟商务印书馆是中国出版的龙头老大,上面几大门类的竞争中,都可以看出中华书局在选题上对商务印书馆出版思路的借鉴,商务印书馆重要出版物都能在中华书局的书目中找到对应,不让商务印书馆专美,这种借鉴不是简单的模仿,而是有所改进甚至创新,是一种对他人已经做的重要选题再处理使之更加精彩的做法。人无我有固然好,人

教育与出版——陆费逵研究

---

① 曹聚仁:《棋盘街上的沧桑》,《书林三话》,生活·读书·新知三联书店2010年

② 李显君:《国富之源——企业竞争力》,第83页,企业管理出版社2002年

③ 王云五:《改进编译所意见书》,详参王建辉:《文化的商务》,第41页,商务印书馆2000年

有我优也算不错。这是牌局上的你来我往,同时还可以避免一定程度的风险。这如同长跑比赛中跟在第一名之后的跟跑战略,伺机取得好的成绩。王云五也说:"商务印行《四部丛刊》,中华便辑印《四部备要》,商务编印《辞源》,中华就出版《辞海》……",在商务印书馆的所有出版领域,"伯鸿先生都不肯放过"。这是中华书局对抗商务印书馆的基本竞争策略。

2、竞争的主要手段

现在来看看两家竞争主要的手段。

一是倾销仗。打折扣战,这是商业上常用的方法之一。如在两家初期的竞争中,商务印书馆的倾销办法是,购教科书一元,加赠书券五角,购杂书杂志一元,加赠书券一元。中华书局也照此办理。1935 年,中华书局还决定用自编的短期课本与商务印书馆竞争,凡购 500 册以上者为六折,400 册以上者七折,300 册以上者八折。如此竞争的结果是两家每年因此损失约 30 万元。陆费逵后来总结说:"定价既廉,复改五折,实际批发四折以下,利益不及曩昔之半,幸销数增加,否则殆矣。"①这种竞争局面,商务印书馆中有高梦旦等董事说这样竞争,不是两败俱伤,而是两败俱亡。② 教科书廉价发行,也影响到其他书籍的降价,其实双方都受害不小。不过如此折腾倒在很大程度上减轻了学生及家长的负担,也在一定程度上推动了教育文化的发展。

二是广告仗。在广告宣传上,陆费逵也明确指示,今后中华书局所出书籍应登全幅广告,商务印书馆登一轮,我亦照登。③在教科书方面,两家在报刊上出现了激烈的竞争宣传,各自说明本版书的优点外,还攻击对方的弱点。中华书局以课本分量合于课时,注重国民教育,尤重于国耻割地赔款,印刷精良,封面耐

① 转引自周秋利:《民国三大书局的教科书之争》,《中国编辑》2003 年第 4 期
② 吴铁声:《解放前中华书局琐记》,《回忆中华书局》上,第 75 页,中华书局1987 年
③ 王震:《陆费逵年谱》(下),《出版史料》1992 年第 1 期

用等为言攻击对方不敷课时应用,有所顾忌不言甲午赔款数额,底面单页,字形过小等。中华书局于其时更打出"完全华商自办"口号,对商务印书馆影响更大。商务印书馆原有日本人的股份,在辛亥时期民族主义高涨的背景下,在有些地方成了推销教科书的障碍,商务印书馆董事会在给股东的关于清退日股的报告中说:"近来竞争激烈。如江西则登载广告,明肆攻击。湖南则有多数学界介绍华商自办某公司之图书。湖北审查会则以本馆有日股,故扣其书不付审查。"每当受此攻击,商务印书馆必须费无数精力口舌向有关方面疏通、周旋,不仅精神上痛苦不堪,营业上也分心掣肘太多,不久即作出收回日资的决定。同时商务印书馆以售价低廉减轻学生负担普及教育为言,攻击对方以营利为目的把书分成几册,售价高出三分之一以上。总之广告战连篇累牍,持续 20 余日之久。据有的学者的研究,在相互攻击方面中华书局常取主动。除了在各处的媒体上之外,主要是《申报》这样的大报上,而《申报》也乐得这番热烈。如 1913 年 8 月 14 日的《申报》并排刊列两家相互攻讦对方教科书的广告。①

三是防范仗。出于两家的竞争需要,各自于对方又不能不严加防范。1915 年秋,袁世凯复辟帝制甚嚣尘上。作为商家,商务印书馆的课本如何适应形势自是颇费思量,如果与政体不合,课本就要报废,商家就要蚀本。于是商务印书馆考虑将正在使用的"共和"课本易名为"普通"课本。张元济在请人帮忙的信函中有这样的句子:"陆氏在北京,恐出而破坏也",②要小心提防。此处的陆即指陆费逵。而中华书局方面呢,1935 年 2 月某晚,陆费逵家宴开明书店的章锡琛、夏丏尊,商讨由他起草的

① 《民国二年中华商务相互攻讦原件》,汪家熔辑注:《中国出版史料》近代第 2 卷,湖北教育出版社 2004 年

② 《张元济傅增湘论书尺牍》,第 66 页,商务印书馆 1983 年

同行业规及应付商务印书馆对折、六折出售图书的办法。① 大有合纵连横的架式。

四是诉讼仗。1919 年 12 月,两家打起了官司。中华书局译印了《日本人之支那问题》一书,此书原刊日本杂志《实业之日本》专刊,其中的许多观点为日本侵华提供理论之根据。中华书局译印此书,原本是为国人认识日本侵华面目提供参考读物。但书中有一节仍将商务印书馆作为中日合股公司,译本既未删节,又未做说明。商务印书馆方面认为"借此以为诬陷,其用心不问可知",中华书局以日文书刊自有原作者负责,中华书局只事译印,只同意将更正文字补刊于译本卷首,不承认有诬陷。双方相互登报辩驳。商务印书馆以中华书局译印《支那问题》一书,有意破坏名誉,引起国人仇视,禀控会审公廨,请求追回损失银 1 万两。在第一次庭审中,陆费与张对簿公堂。张为原告及证人,陆费为被告代表。双方律师证人都到庭。经翌年 2 月 10 日第 7 次庭审,商务印书馆胜诉,被告赔偿损失 1 万元。②③ 此事一时成为沪上民众关心之事,《申报》持续有所报道。

3、竞争的惨烈程度

当时两家均以对方为主要竞争对手,各家都如临大敌,如同交战之双方。商务印书馆董事郑孝胥的日记中有这样的记载:"夜,赴张菊生之约,商议初高等小学教科书扩充销路事,将以敌中华书局。"④一个"敌"字将双方的火药味都烘托出来了。1915 年秋陆费逵在致北京分局的信中通报了与商务印书馆竞争的情况:"与彼馆竞争,日来风潮稍平,大有雨后天晴之概。惟菊生意颇介介,十一先慈开吊,菊竟未来。昨日彼馆传出消

①　王震:《陆费逵年谱》(下),《出版史料》1992 年第 1 期
②　张树年主编:《张元济年谱》,第 180—184 页,商务印书馆 1991 年
③　钱炳寰:《中华书局大事纪要(1912—1954)》,第 46 页,中华书局 2002 年
④　《郑孝胥日记》第三册,第 1426 页,中华书局 1993 年

息,谓彼因我局总店,屋既比邻,又较彼高,拟加高两层(现在彼四层,我五层),如工部局不准,即设法移至大马路。惟弟意观之,此二层均办不到。盖地脚本备四层,工部局决不允许加高;而大马路适宜地点极难觅得,且价亦极昂。该馆近来步骤颇乱,一则锡璋因自己营业赔累,急闷致疾(舌大不能言语),近在莫干山及西湖养病。翰卿有契据股票三四万在姘妇处,交涉未妥,无心办事。仅菊生及二三中级人主持,故动辄得咎。……前此忽刊通告,遍发学校谓有科学研究会发传单诋毁该馆云云。四处访问,未见此件,想此件未必发出许多,而该馆通告,反惹起学界之疑虑,杭州因此小有风潮。彼馆疑我所为,但此事繁重,印刷邮寄,决难秘密。我果为之,不难觅出证据,我亦愚不至此也。同人颇欲得一观,故前者通告各分局寻觅此件,惟至今未寄来,不知京中见之否?"①从这封函件可见当时两家竞争之一斑,虽不见刀光剑影,却也布满火药味。当时商务印书馆正处于乱中,陆费逵对于对手各方面的了解是很深的,这叫知己知彼,方能百战不殆。

有研究者归纳,陆费逵曾分析了和商务印书馆之间日益加剧的五种竞争:一是廉价竞争,"定价既廉,复改五折,实际批改四折以下,利益不及曩者之半",幸亏教科书的销量增加,否则肯定入不敷出了;二是广告竞争,在广告上投入的费用两家较之往年,都不止增加了一倍,在广告语中,两家时有互相诋毁的语句,为此,"精神耗费尤甚";三是资本竞争,为增加实力,两家都不得不竞相增添资本,为吸引政界学界有实力者投资本公司,双方在公关方面下的工夫尤大,"无形中不免有损失";四是放账竞争,在内地推销书籍,必定依赖当地分销商,"欲结其欢心,而放账加松",这样一来,即使是收不回的滥账不多,但资本一旦搁滞,所受损失就已经不小了;第五种竞争陆费逵称之为"轶出

① 钱炳寰:《中华书局大事纪要(1912—1954)》,第 20 页,中华书局 2002 年

教育与出版——陆费逵研究

范围之竞争",也就是互相倾轧:"彼言我不可恃,我言彼危险;彼言我定价昂,我言彼有外股",虽然这是彼此为自卫而进行的不得已的竞争,但导致的结果是"非彼此两伤两亡不已"。①

两家竞争局面之激烈与惨烈,以至有商务印书馆"参谋长"之称的高梦旦曾说,这样竞争下去,"非两败俱伤,恐两败俱亡也"。陆费逵也说,"联合不联合之分,办事人有十年寿命之关系"。② 所以在中华书局早期发展中,先后有 1914、1916 以及 1917 三个年度中的三个回合的联合谈判,虽然最终未果。

4、竞争中的妥协与合作

竞争的格局往往是要形成一种双方都认可的平衡。这样在竞争中往往又会有临时的合作甚至联合。中华书局成立后,与商务印书馆一直是最大的竞争对手。由于中国近代这两家最大的出版业竞争过烈,在 1917 年 5 月陆费逵就在致股东周静函中深感:"双方感到竞争之困难,不如联合为方便,可以省却竞争上的耗费。"③两家也确有合作的一面。有几种形式,其中包括在教科书发行方面达成协议。"民六危机"虽然没有合并成功,但也还有合作,在日后还是有为了对付各种复杂局面以及新对手,两家曾实现一定程度的联合。

1914 年 3 月 24 日,蒋维乔代表商务印书馆与中华书局会商教科书编写事。陆费逵谓:"闻及教育部有不正式之通知,令各书局将教科书改易加入颂扬总统(指袁世凯)语。中华、商务两家应协商抵拒方法,拟各派人入京与商[部]磋商,其条件可遵者遵,不可遵者勿遵,二家一致进行。"蒋遂将陆费逵的意思告知张元济,张表示赞成。④ 隔一天,范源廉邀张元济餐叙,陆

---

① 吴燕:《近现代上海出版业的竞争效益研究》,《编辑之友》2006 年第 1 期

② 钱炳寰:《中华书局大事纪要(1912—1954)》,第 13 页,中华书局 2002 年

③ 吴中:《我所知道的"维华银团"》,《回忆中华书局》上,第 211 页,中华书局 1987 年

④ 张树年主编:《张元济年谱》,第 118 页,商务印书馆 1991 年

费逵也在座。

1916 年 9 月 14 日,陆费逵往访张元济,谈《庸言》、《大中华》版权事。张元济谓:"商务并无干犯中华版权之意,任公自行编辑,与商务无关。还请径与任公直接[交涉]。"陆费逵言:"以前各书皆经人翻印……故以《庸言》、《大中华》为名控告。"并表示愿以彼此交情起见,商谈解决。① 张元济将此事信告梁启超。

1917 年 3 月,中华书局工人响应商务工人罢工。陆费逵来访,张元济声明"彼此取同一步调"。② 4 月,中华书局出现危机,即所谓"民六危机",两家曾接触进行联合,并拟定联合后用"中华商务印书馆"名称。张元济曾与陆费逵当面商谈联合事。③ 虽然最后没有联合,但也表明在竞争的同时,两家却有竞争中谋求合作的姻缘,考诸当时的中国出版业如有合作之议也只会在两家最大的出版机构中进行,也才有真正的意义。

1921 年原中华书局职员,陆费逵的好友沈知方脱离中华书局,将以 3000 元资本所办的广文书局扩组为世界书局,利用赠送书券的办法吸收"读书储蓄"100 余万元,购置机器,建立工厂,编印教科书,并盘并了广智书局、东亚书局、进化书局和古书流通处,于 1925 年在上海设立总厂,分局也分布全国各主要城市,还采用较为灵活的经营方式推销教科书,除了给发行业以优厚的手续费外,还降低批发折扣,并用钢笔等作为礼品,贿赠教育学术负责人,与商务印书馆和中华书局争夺市场,一时间世界书局成为两家以外的一个出版势力。为了共同排挤新的竞争者,对抗"共同的敌人",两家暂弃前嫌,首先谋划以银币 10 万元送给沈知方个人,并以世界书局停止编辑出版教科书为条件。

---

① 张树年主编:《张元济年谱》,第 129 页,商务印书馆 1991 年
② 张树年主编:《张元济年谱》,第 137 页,商务印书馆 1991 年
③ 张树年主编:《张元济年谱》,第 138 页,商务印书馆 1991 年

遭拒后,为了对付世界书局,两家共谋抵抗,双方由王显华与陆费逵出面两家协商,中华书局董事会决议:"另办国民书局一所于河南路,资本40万元,商务出30万元,中华出10万元,编印小学教科书一套,专门对付世界书局。凡世界教科书推销地区,不惜跌价竞争,定价一角之书,可以卖到二分三分,至于其他拉拢方法,当然应有尽有。"①可惜,国民书局只是同床异梦的产物,草草联合编写,总体质量不具备优势,仅用压价的办法实在是舍本求末,而且只是一个临时组建的小书店,没有世界书局知名,信誉不著,失败也是注定的。1930年7月,国民书局"因资本送完而停业"。②

　　由于年龄相若,也由于同在书业公会的缘故,陆费逵与王云五多所接触。"一二八"以后商务印书馆正谋复业,中华书局考虑在"民六危机"中,商务印书馆并未落井下石,因而也不在商务印书馆背后插刀,双方摒弃成见,逐渐加强谅解。如商务印书馆、中华书局几乎同时均决定影印《古今图书集成》,中华书局托人带口信希望商务印书馆相让,后者同意相让,转而影印光绪朝重修各省通志。两家此后纯朴协调,关系正常,而非敌。③

　　为了减少竞争的负面影响,1935年陆费逵代表中华书局多次约商务印书馆、世界书局、大东书局、开明书店几家主要的出版社,商讨同行业规,试图用一种行规来约束彼此的行为。

　　市场竞争,是市场经济的一种规律,是中国民族资本主义发展的一种规律,对于中国出版业的发展也是一种动力。中华书局的崛起,把最有活力的竞争机制带入中国出版。竞争是为了逐利,为了生存,但这种竞争局面的形成,对于中国出版业的发展乃至对于文化的发展,却都是有利的生长素。

---

①　张静庐辑注:《中国现代出版史料甲编》,第268页,注三,中华书局1954年
②　张静庐辑注:《中国现代出版史料甲编》,第268页,中华书局1954年
③　王云五:《商务印书馆与新教育年谱》,第448页,商务印书馆(台湾)1973年

其一,在竞争中两家相互学习,实力不断壮大与接近,以致两家形成许多相同之处,如两家的业务体系、组织系统、产品结构、人才结构日渐接近,规模也大体相当,员工最多时各达5000人。

其二,竞争逼迫对方扬长避短,比如中华书局称自己是"完全华商自办"的民族企业,实际上暗寓商务印书馆有日资,是在帮日本人赚中国人的钱。在民族主义高涨之际,中华书局的这一有针对性的宣传,迫使商务印书馆不得不通过艰难谈判耗巨资赎回日股。这对商务印书馆的发展真是"塞翁失马,焉知非福",证之日后中日关系日益紧张,收回日资实在大大有利。

其三,竞争有力地促进了出版的质量。两家的图书在质量方面,都是中国当时最高水平。举一个相关的例子,看《四部备要》的质量要求,其书"出版之后,重行磨勘,十八万叶之中,错误不过十数。今兹重印,已经改正。"但局方自称"然仍不敢自信,拟请从前预约诸君,任校勘之劳,期成最完美之书"。"期成最完美之书"这七个字,字字珠玑,表达了一种后世无与伦比的质量意识。由此还带动其他一般图书的质量,如中华书局出版梁启超文集,先后凡三次,一次比一次完备。1916年出版《饮冰室全集》,线装48册,1926年出版梁廷灿编辑的《乙丑重编饮冰室文集》,线装80册,1929年梁去世,其好友林志钧编《饮冰室合集》分甲乙两类即文集和专集,全书40册,108卷,为梁氏全部著作,且辑入未刊文和"列稿存目"。又比如教科书的竞争,因为教科书历来是出版商最大的利润来源,是出版的经济生命线,出版商为利必定要展开这种竞争,竞争当中也不排除出版商的教育志向,但这种竞争的结果有利于教科书编写质量的改进与提高,也就有利于教育质量的提高,如陆费逵说:"我国教科书因有竞争之故,乃大进步。"①②

其四,对于教育与文化的推动。如蔡元培说:"教育界之受其影响者大矣。"王云五说:教科书为教育之工具,亦即促进文化之要素。③ 王将出版教科书作为商务印书馆对于中国文化的第一大贡献,以民办的方式突破旧政府的教育与文化滞后,把中国的教育不断引向新的天地。而一大批学者在出版业的组织下参与教科书的编写,既促进了教科书的进步,也直接促进了学术的进步,使学术大众化。古籍出版的竞争,也有利文化的保存,并与当时"整理国故"的思潮相应和。如张元济致友人信中说:于新营业之中兼寓保存国粹之意。④ 对于这种竞争局面,当时就有人认识到其中的积极意义,如中华书局"民六危机"时,高梦旦反对联合,理由是多一家竞争,对商务的发展未尝不是一件好事。一大批学者在出版业的竞相组织之下参与出版活动,利用印刷媒体来传播他们的学术与思想。

在双方的竞争中,有两点还需要特别指出,一是当商务印书馆在"一二八"被日军炸毁,商务印书馆以"为国难而牺牲,为文化而奋斗"的精神努力复业的时候,中华书局一方面对商务印书馆的遭遇表示同情并对日军的暴行表示愤慨,同时并没有借此而采用非道义的手段来竞争;二是在抗日战争爆发后,陆费逵将中华书局主体移到香港,在那样的困难局面中他还一度有兼并商务印书馆的考虑。这两点说明了两个问题,一是中国近代优秀的出版人是有良知的,在大是大非问题上始终是分得清的;二是中国近代卓越的出版经营者们永远都有进取心,总希望把

---

①　钱炳寰:《中华书局大事纪要(1912—1954)》,中华书局 2002 年

②　蔡元培:《商务印书馆总经理夏君传》,《商务印书馆九十年》,第 2 页,商务印书馆 1987 年

③　王云五:《本馆与近三十年中国文化之关系》,《商务印书馆九十五年》,第 284 页,商务印书馆 1992 年

④　《张元济书札》,第 53 页,商务印书馆 1981 年

自己的企业做大做强。

　　总之,陆费逵时代中华书局与商务印书馆将近20年的这种
"谁与争锋唯有中华"的竞争局面,是20世纪二三十年代中国
出版界、文化界的一道景观,这对于中国出版未始不是一件相竞
相长的有益的事情。中国近代出版的产业结构,不仅说明了行
业领导者最重要的能力是在竞争与垄断之间求得平衡的能力,
而且也说明了一个健康的行业结构同时也是企业之间,特别是
行业领导者之间竞争的结果。[1]

教育与出版——陆费逵研究

---

① 　姜汝祥:《差距》,第138页,机械工业出版社2003年

第四章　陆费逵的出版思想

陆费逵认定出版是他的终身职业。① 对于所从事的这个职业,他有着自己的出版理念,并善于从实际的事业中进行出版思想的概括和总结,他甚至还主张办出版研究所。② 陆费逵是近代出版业中少数对于出版有研究并形成文字的人,并达到了他那个时代所能达到的高度。富有自己的出版理念,说明陆费逵已经成为近代自觉的出版人。他的出版思想的萌芽早于中华书局的创立,但中华书局的事业成为他出版思想的最重要的实践基础和实验园地。对于陆费逵的出版思想,不仅可以从他的丰富的出版实践中加以总结,而且可以从他的有关文字中进行归纳。我们试从以下一些方面做一论述。

一、出版的基本属性

1、出版与社会的关联

陆费逵从事出版的年代,是中国社会的动荡之秋,从事出版业的环境并不优越。陆费逵认识到从事出版要依赖于社会条

---

① 陆费逵:《我为什么献身书业》,《中华书局月报》1922 年第 2 期
② 王震:《陆费逵年谱》(下),《出版史料》1992 年第 1 期

件,同时也清醒地看到书业与社会的紧密关联,以及对社会进步的巨大作用。作为实业家与出版家,他自然看到了社会条件的制约,陆费逵说:"现在一般舆论,总怪无好书出版,但是在现在教育状况、经济状况之下,要出好书,实在不容易。"他还写道:"书业在此二十年中,和天灾斗,和祸乱斗,和物价斗,和货币紊乱、交通不便……种种情形斗,却还有十倍的进步。假使各种障碍渐次减除,教育渐次发达,十年二十年……之后,应该进步到何种程度呢?"但是尽管书业的社会环境并不好,他作为近代爱国的工商人士,对书业的社会责任却洞若观火:"我们希望国家社会进步,不能不希望教育进步;我们希望教育进步,不能不希望书业进步。"这一句为现代从事出版业的人所反复引用的陆费逵早年的名句,精辟地指出了出版的全部社会责任,而这种社会责任是他最注重的,因为这是整个书业的基础。陆费逵在这一句之后更着重指出:"我们书业虽然是较小的行业,但是与国家社会的关系,却比任何行业为大。"①他把出版业提高到国家社会进步的高度来认识,不说是后无来者,也应该是前无古人的。这既是出版的社会功能所在,也是他本人自从事出版行业的起点期即夯实筑牢的思想基础。这位在近代出版人中初具世界眼光者,还引述西方的思想说:"良书之可信,逾于良友。There is no friend so faithful as a good book。又曰:恶书之害甚于盗贼。There is no worse robber than a bad book。"②这确然是那个时代的社会良知。

　　2、出版与文化

　　出版的本身是一种文化。陆费逵认为:"印刷为文明利器,一国之文化系焉。果使我们印刷放一异彩,不徒为我局实力之

---

　　① 陆费逵:《〈书业商会二十周年纪念册〉序》,《青年思想杂谈》,中华书局1926年

　　② 陆费逵:《著作家之宗旨》,《图书月报》1906年第3期,吕达主编:《陆费逵教育论著选》,第313页,人民教育出版社2000年

发展,亦足以观国民文化之进步。"①在这里,印刷既是狭意的,
也是广义的。出版和文明的进步有着密切的关联,是当时中国
先进的知识分子的一种体认。孙中山先生也有同样的论断,在
他的重要著作《建国方略》中有一段文字写道:"此项工业为以
知识供给人民,是近世社会一种需要,人类非此无由进步。一切
人类大事,皆以印刷蓄积之;故此为文明一大因子,世界诸民族
文明之进步,每以其每年出版物多少衡量之。"②孙中山指出印
刷业"其营业之发达,乃与文化之进步为正比例"。③ 这里所说
的印刷工业,实际上是近代出版业的代名词,这表明孙中山在近
代出版业尚处于一词之立的阶段,就对出版业给予了高度关注,
并难能可贵地认识到它是事关文明进步的大事业。孙中山从宏
观立论,陆费逵则从具体的事务着眼,两者实有异曲同工之妙。
陆费逵实实在在地实践着出版的文化立场,他始终把中华书局
视作为一个"文化机关","热心维护此文化机关"。④ 把出版的
每一种重大图书都作为文化的产品,在他主持的发展规划当中
也说,希望通过中华书局的编辑活动"期于二三年后达于完备
之点,庶吾国文化亦得蒸蒸日上"。⑤ 把"一二八"日军毁我商务
印书馆,看作"他们是有意摧残我国文化,我们要努力恢复进
展"。⑥ 学术是文化的晶核,出版与学术有着互动的作用,学术
的进步离不开出版的支撑。编辑了近代一份重要学术刊物《学

---

①　《中华书局五年概况》,转引自俞筱尧:《爱国教育家和出版家陆费伯鸿》,
《书林随缘录》,第6页,中华书局2002年

②　孙中山:《建国方略》,第257页,辽宁人民出版社1994年

③　孙中山:《致海外国民党同志函》,《孙中山全集》第5卷,第207—212页,中
华书局1985年

④　陆费逵:《中华书局二十年之回顾》,见俞筱尧、刘彦捷编:《陆费逵与中华
书局》,第470页,中华书局2002年

⑤　钱炳寰:《中华书局大事纪要(1912—1954)》,第27页,中华书局2002年

⑥　陆费逵:《六十年来中国之出版业与印刷业》,见俞筱尧、刘彦捷编:《陆费
逵与中华书局》,第480页,中华书局2002年

衡》的吴宓,对此有着十分的认识,这份杂志是中国近代最重要的文化守成主义的代表刊物,《学衡》与中华书局有十几年的关系。吴宓在日记中记述了他为《学衡》事往访陆费逵的事,吴"痛陈《学衡》已具之声名,实在之价值,及将来前途之远大。陆费逵君意颇活动,谓与局中同人细商后再缓复,并允第三十七、三十八必续出云"。① 出版的眼前是利润,出版的背后是文化,正是包括陆费逵在内的一代代出版人的坚守,近代文化才能因出版而光大。

3、书业的双重属性

　　与上一个问题其实相关联,出版业的属性是什么具有理论探讨的意义,因为这是新出版兴起以来还不曾探讨过的一个问题。陆费逵是一个探索者,他指出:"虽经营书业,然与普通商业不同。"②所以他认为他自己所从事的可以说是事业,而不是一般意义的商业。在一个物欲的社会,他看到出版业属于社会事业的一面,是难能可贵的。这是一个很重要的思想。虽然他实际是在按商业的规则在操作一家重要的出版社,按市场的需求运作着自己的产品。关于出版业具有事业性与商业性的双重性质,陆费逵在一篇文章中有很好的体会和说明:中国传统社会将社会分工为士、农、工、商。陆费逵做了一个有意思的比较:"我们这行职业,除'农'字之外,已占了'士、工、商'三者的地位:编辑者为士,印刷者为工,发行者为商。"③又说:"书业是士、工、商之结合物。"④"此三者有连带的关系,而在法律上,也须受

---

① 王建辉:《吴宓与中华书局》,《老出版人肖像》,第 176 页,江苏教育出版社 2003 年

② 陆费逵:《我对于商业人才之意见》,廖世承编:《中国职业教育问题》,商务印书馆 1929 年

③ 陆费逵:《书业商之修养》,《中华书局月报》1923 年第 7 期

④ 陆费逵:《我对于商业人才之意见》,廖世承编:《中国职业教育问题》,商务印书馆 1929 年

同等的功过。"他进一步说:"如编辑者编成恶书付刊,则印刷者有阻止的权限;设印刷者亦未察出,发行者亦有不售的责任。再进一步说,印刷者与发行者的功劳较编辑者尤大;因为没有印刷者和发行者,则编辑者无论做成一部什么有价值的书籍,也没有印刷和销售的机会。我们既已知道己身已占了社会上重要的地位,若无相当的常识,如何能尽我们的责任,满社会上人们的欲望呢?"①这里他难得地谈到出版各环节的关系,虽然出版的商业性最后是通过发行才表现出来,但是他把出版的商业性只界定发行环节上,又着实有些局限。

比陆费逵晚些从事出版业的张静庐,也是一位多少有着自己的出版理念并且能不断地提炼这种出版理念的人,他的一段话常被人引用:"公司的事业不能认为私人产业","出版家的精神堕落,这趋势比纯以赚钱为目的的更为可怕","'钱'是一切商业行为的总目标。然而,出版商人似乎还有比钱更重要的意义在这上面。以出版为手段而达到赚钱的目的;和以出版为手段,而图实现其信念与目标而获得相当报酬者,其演出的方式相同,而其出发的动机完全两样。"②

对于出版的事业性与商业性,与张静庐大致同时代的邹韬奋也有深刻的认识,他曾写有专文论及这一层意思。他认为,事业性是"能够适应进步时代的文化需要",商业性则是"不得不打算盘,不得不赚钱",事业性和商业性"是要兼顾而不应该是对立的","因为我们所共同努力的是文化事业,所以必须顾到事业性,同时因为我们是自食其力,是靠自己的收入来支持事业而发展事业,所以必须同时顾到商业性"。"为着要发展事业,在不违背我们事业性的范围内(我们当然不专为赚钱而做含有毒菌落后的事业),必须尽力赚钱","充分发挥商业性,同时也

① 陆费逵:《书业商之修养》,《中华书局月报》1923 年第 7 期
② 张静庐:《在出版界二十年》之"写在后面",上海书店 1984 年影印本

是充分发展事业性,这两方面是可以而且应该统一起来的"。①

鲁迅在一篇文章中说,"出版家虽然大抵是'传播文化'的,而'折本'却是传播文化的致命伤"。这是局外人的深刻之论,当然鲁迅不完全是局外人,鲁迅是有体会的,其所创办的《译文》就曾因为经济原因"所以茬苒半年,简直死得无可救药"。②出版毕竟是一种商业性行为,必定受这一特性的制约,但陆费逵们并不是简单地迎受与跟从,而是以一种积极主动的参与精神,去适应商业,去光大事业。陆费逵、张静庐、邹韬奋们的出版体认,构成中国近代出版属性的一条认识递进的线索,表明了出版本体的一种自觉。当然这种理论上的探索与实践的运作不能直接地和完全地划等号,实践运作往往是文化追求与商业追求二重意识共同作用相互激荡的结果,在那样一个年代,对民营出版机构来说能做到谋义与谋利的结合,已是相当的不易,这样的人必定是那一个时代的大家。

二、出版者的素质与人格

1、职业素质与修养

这是陆费逵最喜欢谈论的话题,也是他谈论得比较多的话题。为此他写有大量关于职业道德和职业技能的文章,也就是出版人素质的文章,比较重要的有《书业商之修养》、《店员须知》、《实业家之修养》、《工商界做人的条件》。出版也是一种实

---

① 邹韬奋:《事业性与商业性的问题》,《事业管理与职业修养》,生活·读书·新知三联书店 1998 年
② 鲁迅:《〈译文〉复刊词》,1936 年

业,而"群知非实业不足以立国"。实业家修养有十条:勤俭也,
正直也,和易也,安分也,进取也,常识也,技术也,经验也,节嗜
欲也,培精力也,这十条"殆无一条可缺"。① 他把在工商界做事
分为基本条件、本业条件和特别条件等。基本条件十条:有恒
心,有责任心,忠实,正直,仪容整洁,有礼貌,勤,俭,互助,卫生;
本业条件两条:自己职务胜任,明了一切事情;特别条件五条:创
造力,计划,判断力,思想力,能指挥人。"大约在实业界的人,
能有基本条件的,都可以站得住;肯练习肯留心的,本业条件也
不甚难;至于特别条件,必须有天才、有学识,不是人人都能的。
但是非有一二种特别条件,决不能担当重大的事"。② 他指出成
功的三秘诀:勿懈怠,勿耗费,取精用宏。③ 陆费逵从普遍意义
上讲的这些,也是成功出版人的基本要素。

2、出版人的特殊素质

出版是一种特殊的行业,更有一个出版者本身的素质与修
养的问题。从事出版业的人必须注意自身的修养与素质。陆费
逵说:"我们当刊行一种书的时候,心地必须纯洁,思想必须高
尚,然后才可以将最有价值的结晶品供献于世。"④这段 1922 年
的言论,80 年后还在为人们所引用。⑤

陆费逵认为,书业商要具备四个条件:脑筋清楚,处处留心,
要有勇气,不看无益的书。结合自己的经历,他在《我为什么献
身书业》一文中对中华书局的"民六危机"做了这样的分析:"原
因很复杂,就我本身想起来,有三种缺点。第一、经济缺乏,没有
应变的财力。第二,经验不足,没有预防的眼光,和处变的方法。

---

① 陆费逵:《实业家之修养》,《进德季刊》1923 年第 2 卷第 1 期
② 陆费逵:《工商界做人的条件》,《进德季刊》1922 年第 1 卷第 2 期
③ 陆费逵:《成功之三秘诀》,《中华书局月报》1923 年第 6 期
④ 陆费逵:《书业商之修养》,《中华书局月报》1923 年第 7 期;吕达主编:《陆
费逵教育论著选》,第 313 页,人民教育出版社 2000 年
⑤ 童舟:《当好把关人》,《人民日报》2002 年 11 月 5 日

第三,能力不足,没有指挥全局的手腕。后来办事业的人,对于这三端应该好好地研究研究。"并认为自己的长处是:"第一,专心。我有许多机会可以做别种商业和入政界,但我始终不为所动。第二,忍耐。近十年来,无论怎么样我总忍耐得住。第三,不失本来面目。我从小到现在总不断地看书,不阔绰。这三种虽没有什么价值,但却也是办事的条件。"他多次讲到中华书局的继任者,"盖须于政治、商业、教育三方面均有相当之能力与资格"。①

3、出版者的人格问题

陆费逵很看重出版者的人格问题。他说:"书业商的人格,可以算是最高尚最宝贵的,也可以算是最卑鄙最龌龊的。吾人用尽脑筋和心血,出一部有价值的书贡献于社会,则社会的人们,读了此书之后,在无形中所获的利益定非浅显;反之,如以诲淫诲盗的书籍贡献于世,则其比提刀杀人还要厉害。盖杀人不过杀一人,恶书之害,甚于洪水猛兽,不知要害多少人。所以当我们刊行一种书的时候,心地必须纯洁,思想必须高尚,然后才可以将最有价值的结晶品供献于世;否则,不但于道德方面要抱缺憾,即自己良心方面亦受责罚。"②他在《图书月报》上发表《泰西谚语〈关于书籍者〉》一文,引用外国有关出版职业道德方面的谚语希望同业注意,如:"印行有害之书者,死后尚应受罪于墓中,以其身虽配其遗毒未尝止也","不良之书,其害甚于盗贼",不断强调出版人的自身人格和道德修养。从以上可以看出,陆费逵认为出版者人格的核心是出有价值的书贡献于社会,这就抓住了行业职业道德的特征与要害,出"有价值的书"贡献于社会是高尚的人格,反之就是卑劣的人格。

---

① 致沈颐函,见王震:《陆费逵年谱》(下),《出版史料》1992 年第 1 期

② 陆费逵:《书业商之修养》,《中华书局月报》1923 年第 7 期;吕达主编:《陆费逵教育论著选》,第 313 页,人民教育出版社 2000 年

4、学习之与出版从业人员

从事出版这一职业的人,必须具有学养。在从事出版业之初,陆费逵对此就有不同寻常的清醒体认:"书籍商决不可与他商并论,他商仅需商业上之知识而已足,书籍商者于商业上之知识而外,当别有学问也","为读者之导引,故必具有足以供人问难之学问"。① 故而,陆费逵把学习看得很重要:"我们有职业的人,应该每日有半小时至多两小时读书,不可不读,因为职业上、修养上都有读书的必要。"②陆费逵说:"因编辑而须研究取材,于自己修学亦裨益甚多。"③陆费逵本人是自学成才的,在职任上仍不放松学习,中华书局的图书馆为在职人员的学习提供了最大的便利,在中华书局也有一个传统就是鼓励在职人员进修学习。当钱歌川去国外留学时,中华书局作为请假进修处理,薪水按月送达钱的家属,还给予了旅费资助。④ 但他同时又强调书"不可读得太多,因为太多有妨办事,有害身体,更恐食而不化,变成书篓"。这和古人的"读万卷书,行万里路"的主张相同。

5、出版人才的培养与引进

对于出版机构内的人才培养,他有一个重要的意见。他在致舒新城的信中谈到,将来事务人才,亦可从编辑方面造就,程度可较高。虽不能说凡入书业者必为书生,但至少中级以上干部,必将对于政治、经济、文化、教育方面有相当的常识,其基本学历应有高中毕业程度,倘此辈经过相当训练而能养成好学、深思的习惯,同时更予以多方面的训练。⑤ 他对于人才的重视,可

---

① 陆费逵:《敬告书籍商》,《图书月报》第 1 卷第 1 期

② 陆费逵:《我们为什么要读书》,《进德季刊》1923 年第 2 卷第 2 期

③ 陆费逵:《我青年时代的自修》,《陆费伯鸿先生年谱》,台湾中华书局 1977 年

④ 钱歌川:《回顾五十年》,《回忆中华书局》上,第 104 页,中华书局 1987 年

⑤ 王震:《陆费逵年谱》(下),《出版史料》1992 年第 1 期

举两例,一是引进舒新城,一是引入黎锦晖。前者后面将有专节来论述,后者吴永贵曾有一篇文章钩稽此事。1919年,当初级小学教科书是否改国文为国语还在讨论之际,未雨绸缪的中华书局总经理陆费逵北上,访问时任"国语统一筹备会"常任干事的黎锦熙,既是友情联络,亦是出版探路,可能还有组稿意图。黎锦熙举贤不避亲,向这位教科书大出版商推荐了其弟黎锦晖在北京业余编写的语体文课本。陆费逵接受了书稿,在第二年春季开学前正式予以出版,名为《新教育教科书国语读本》,并获教育部审定通过。这套教材,配合了教育部通令改国文为国语的教育改革大潮,销路相当不俗。因教科书出版的关系,陆费逵深感黎锦晖人才难得,且又"重视事业,轻视名利",便于这年冬专程北上,力邀黎锦晖加入中华书局。1921年5月,中华书局在编辑所下,添设了国语部(后改称为国语文学部),新来的黎锦晖从教科书部编辑,转任新部门的部长。随后5年,黎锦晖相继为中华书局编写了两套小学教科书:《新教育教科书国语读本》和《新小学教科书国语读本》。在这些国语教材中,黎锦晖有机地融入了谜语、童话、故事、笑话等国语文学新元素,其销路非比寻常。陆费逵曾说,中华书局从"民六危机"中转向"经济好转","此书大有功劳"。而黎锦晖主持的国语文学部,一边引进介绍新人,一边大量出书出刊。1923年,这18个人的编辑部居然发起"一日一书运动",一年内出书361种,陆费逵对此大为赞赏。黎1922年发起创刊并任主编的《小朋友》周刊,《小弟弟》、《小妹妹》旬刊,是我国新文化运动中"儿童本位"教育理论影响下诞生的第一批国语文学儿童刊物。特别是《小朋友》周刊,在儿童文学史上的影响之大,长期以来,一直与郑振铎1922年1月在商务印书馆创刊的《儿童文学》同被看作里程碑式的刊物。在当时儿童文学作家缺乏,稿源无多的情况下,黎锦晖这个主编就用多个笔名亲自创作,他的12部儿童歌舞剧,最初也都是通过《小朋友》周刊陆续发表出来而产生社会影响的。1926

年,在中华书局工作了 5 年多的黎锦晖向局方提出离职辞呈,理由是打算走音乐的专业化道路。陆费逵未便强留,改聘黎锦晖为局外编辑,还在饭店长租房间让其安心工作。黎锦晖在中华书局业余写的那些歌舞剧和表演曲,以前局方不曾付酬,现在则改用书局最优的 15% 版税支付。由于这些作品十分畅销,黎锦晖靠较为丰厚的版税收入,在音乐事业的最初启动时便有了一定的经济基础。黎锦晖辞职后,商务印书馆的三大元老张元济、高梦旦、高凤池,都曾登门欲聘他去商务印书馆,黎锦晖没有应允,除了想开拓新的事业外,主要的还是顾旧。他在中华书局 5 年多的日子,对他后来音乐事业的发展起到了不可或缺的基础和过渡的作用。[①] 从黎锦晖的故事里,可以体察陆费逵对人才的态度。

三、出版的经营问题

1、最重视教科书

自近代出版兴起以来,教科书一直是出版业最重要的支撑点,教科书将教育与出版联系在一起,做出版必定要首重教科书。中华书局以教科书起家,并长期占据国内教科书出版的重要位置。陆费逵本人毕生精力的很大部分在编辑校对各类教科书上,据不完全统计,他本人编写辑校的教科书多达 50 种(套)。陆费逵在政治和经营方面都很有远见,并对教育和教科书有很深入的研究,在教科书经营方面也是颇有心得的。

---

① 吴永贵:《"中国流行音乐之父"黎锦晖在中华书局的编辑生涯》,《光明日报》2009 年 12 月 19 日

陆费逵在《中华书局宣言书》中称："立国根本,在乎教育,教育根本,实在教科书,教育不革命,国基终无由巩固,教科书不革命,教育目的终不能达也。"这段话代表了近代出版业中有远见卓识者,对于教育和教科书重要性的认识所能达到的高度。

编辑出版教科书必须抓住时机。中华书局成立推出的第一个产品就是教科书,就是抓住了时代的兴替。如其所言:"民国成立即在目前,非有适宜之教科书,则革命最后之胜利仍不可得。"

教科书必须优良,陆费逵常以中华书局"新制新式教科书之优良"自负,作为中华"洵可谓盛极一时"的标志。① 为了保证优良,要有众人编写为宜,"爰集同志,从事编辑";要有时间的保证,"半载以来,稍有成就"。由于新出版业的出现,教科书的组编进入集体生产,教科书的印制进入批量生产。

教科书要注重营销,教科书要不怕竞争。教科书一直是中华书局与商务印书馆这样的大出版机构的主要业务。同业竞争十分厉害,抢资源,抢时间,抢质量,一直是教科书的竞争之道。陆费逵认为教科书要不怕竞争,他曾说,中华书局一成立,我国教科书有竞争之故,乃大进步。

教科书是中华书局最主要的营业,而编写教科书,不能不熟悉教育原理,不能不熟悉教育国情,不能不明察教育思潮。② 人或以为中华书局一上来就能够以教科书立足,而不察实这要归因于此前陆费逵就对教育有着密切的观察与研究。在中华书局成立前,陆费逵就对教科书做了七八年的观察研究,并有一系列的文章发表。1906 年他就在其主编的《图书月报》上写了一篇《同业注意》的文章,说教科书"其将来销数必有可观也"。他的

① 吴铁声:《解放前中华书局琐记》,《回忆中华书局》上,第 73 页,中华书局 1987 年

② 吴永贵:《中华书局与中国近代教育》(初稿)第二部分,武汉大学博士论文,2002 年

教
育
与
出
版
——
陆
费
逵
研
究

这些观点对当时的教育界就有一定影响。中华书局能够在这种激烈的竞争中立于不败,与陆费逵的教科书思想是分不开的。陆费逵教育思想对于出版工作的引领是很清晰的。在陆费逵那里,教育与出版合二为一。在别的章节里,我们还将从另外的角度做出进一步分析。

2、注重出版各环节的整体观

在外部环节上,陆费逵注重作者—出版者—读者的整体作用。关于作者与出版者的关系,陆费逵认为两者共同担负着一种社会道义,"出一部有价值之书贡献社会,使人们读之有益;反之,如以诲淫诲盗的书籍贡献于世,则是比提刀杀人还要厉害,恶书之害,甚于洪水猛兽,不知要害多少人"。而作者自有其无比的责任。"社会之盛衰,国家之存亡,国民人格之高下,端于我著作家是赖,我著作家之责任,顾不重欤"。① 对于作者,陆费逵认为"作者是我们的衣食父母",②要尊重作者的精神权利,"未知精神可为权利,故只认物质权利之版权,而不认精神权利之著作权"。③ 他也深切了解书局和作者的关系,十分注意维护作者的权益。具体表现在对作者的书稿或版税的处理上,中华书局从不拖欠作者的稿费,约稿也恪守信用,稿成以后,即使不能出版,也要说明理由,并酌情支付稿费。这使得中华书局在作者心中树立了"诚信的形象",为中华书局赢得了踏实稳定的作者群,并开辟了书稿的广泛来源。对于同人编写的稿件也尽量采用,既增加了他们的收入,使得员工视中华书局为大家庭,同时内部稿件也不会外流。陆费逵也了解出版者与读者的

---

① 陆费逵:《著作家之宗旨》,《图书月报》1906年第1期;吕达主编:《陆费逵教育论著选》,第313页,人民教育出版社2000年

② 吴铁声:《解放前中华书局琐记》,《回忆中华书局》上,第74页,中华书局1987年

③ 陆费逵:《我国书业之大概》,俞筱尧、刘彦捷编:《陆费逵与中华书局》,第461页,中华书局2002年

关联,要求书局对读者有信用,并采取了一些措施予以保障。后来的社会人士也注意及此,如于田(胡绳)的《著作界与出版界》一文,就论述了著作界与出版界"在文化事业上相互辅助,相互推动"的关系,指出出版界对于著作界的推动,一是"能代表读者群众向著作界'订货'",二是"发行、推广以至版式印刷对于一本书能否为读者所接受都有相当大的作用",进步的出版业"要正确反映读者的需要,以提供给著作界,要根据促进进步文化与服务广大读者的原则来确立我们制定的发行推广的政策。每一个在出版事业上工作的人,不能把自己看做只是做着事务性的工作,而应该对于进步文化事业的发展自觉地负起责任"。①

在内部各环节上,我们在前面引述过陆费逵所论,"编辑者为士,印刷者为工,发行者为商","书业是士、工、商之结合物",也就是说出版业是编、印、发的结合。舒新城说陆费逵一生事业全在出版业,对于出版业各部门之知识,如编辑、印刷、发行各方面都能窥其堂奥,在书业界堪称全能。从陆费逵的实践看看,出版业各环节既要分得开,做管理工作者的又要统得起来。戈公振在1926—1927年间出版的《中国报学史》一书中也表达了同样的思想:"总理为一馆之领袖,故宜知编辑、营业、印刷三方面之真相,尤贵在知人善任,以全力尽忠于其职务。"②

3、主张出版要经济适用

1934年在影印《古今图书集成》时,陆费逵主张用经济适用的办法。他在这部书的编印缘起中说:"影印之初,有主张缩成小六开本者,然原书将成五十万叶,预约须售二千元左右;即缩至十开本,亦须售千元以上。当兹四海困穷之时,能以千元购书

① 于田:《著作界与出版界》,香港生活书店总管理处编:《店务通讯》(总110号),1948年5月
② 戈公振:《中国报学史》第六章第八节,中国新闻出版社1985年

者,究有几人,非普及之道也。余后拟用五开本,以原书四叶合为一叶,全书约十万叶,亦非五六百元不可。张献之、余子敦谓:'三开本九叶合一叶,较之五开本四叶合一叶,可减少钉口及天地之余白,售价可减少,字体并不减小,实为最经济之办法。'询谋佥同,卒用三开本影印。全书约五万余叶,分订八百册。此洋洋大观之中国百科全书,遂能以最廉之价供学子之求矣。"①从这一段话既可以看出陆费逵的一贯主张,减少用纸,是最大的成本节约之道,还可以看出陆费逵确实能做到在经营上择善而从。

4、重视书刊互动

陆费逵有着丰富的杂志编辑出版实践,他从事编辑出版之初的工作就是做杂志。他认定"一国学术之盛衰,国民程度之高下,论者恒于其国杂志发达与否觇之。盖杂志多,则学术进步,国民程度亦高。而学术愈进步,国民程度愈高,则杂志之出版亦愈进矣"。他从对中国杂志早期发展史的考察中,深刻认识到"持久者殆无一焉",原因是办杂志这种事业,"非有适当之人才与目的,适当之资本与机关,固不能久大而有裨益于社会也"。② 在陆费逵看来,人才、目的、资本和机关,成为杂志的四大要素。中华书局采杂志与图书两方面并重的方针,成为他出版经营思想的重要组成部分。1914 年他就向股东会报告说:"除教科书外,希望较大者为字书及杂志",又说"前岁归自日本,即以尽力杂志为怀"。③ 说"杂志事业,吾局已认为要图,自当竟尽心力为之"。④ 他经常在具体的操作问题上提出具体的

① 陆费逵:《影印古今图书集成缘起》,张静庐辑注:《中国现代出版史料乙编》,第 480 页,中华书局 1957 年
② 陆费逵:《〈大中华〉杂志创刊宣言书》,《大中华》杂志 1915 年第 1 卷第 1 期
③ 钱炳寰:《中华书局大事纪要(1912—1954)》,第 17 页,中华书局 2002 年
④ 陆费逵:《〈大中华〉杂志创刊宣言书》,《大中华》杂志 1915 年第 1 卷第 1 期

指导意见。1936年2月24日,陆费逵给编辑所长舒新城一函:
"据印刷所长云:《小朋友画报》2月1日应出版者,7日方发稿。
彩印之书,制版费时,且用大机印刷,最好两期同发。此报无甚
时事关系,请嘱编绘者早两个月交稿。杂志发稿、校齐、付印、出
版,请嘱秘书用卡纸填日期,到期向主管者查询,绝对不许误期。
如偶因事迟误,须开快车赶到,下期不误。各杂志如3月份不能
赶到不误期,只好换人或停刊。再,《中华少年》有时事关系,发
稿印订均不能脱期。请严密组织,规定日期,一天不能误。或4
月1日不能出,俟转筒机装好再出(七、八月可装好),9月1日
出版。但请人作文,尽管进行。《小朋友周刊》发稿印订,亦请
整顿。"①所引用的这段话表明了陆费逵的几个重要观点。他重
视办杂志不能脱期,一则是与信誉相关,二则是商机所在。同时
也表明陆费逵重视管理整顿。他还谈到:"顷见《小朋友周刊》
大介绍其他家之书,太不成话,本局刊行杂志为宣传本版之书。
以后各杂志每期须介绍本版:《新中华》介绍政治、经济、文学,
《小朋友》介绍儿童书,《教育界》介绍教育书,《英文周报》介绍
英文书。除编辑自己起草外,可由原编校人拟稿送登。"②这些
杂志,用现在的眼光看相当于"社刊",这一段话更体现了他的
书刊互动的思想。出版社经营杂志,一方面期刊是连续出版物,
和图书的非连续性形成互补,且可以借助期刊易于形成的品牌
优势,提高书局在读者中的声誉,另一方面利用期刊的版面位
置,做自身的书业宣传,书刊广告刊载于自家编发的杂志上,既
可在广告的安排上有近水楼台之便,又可在宣传费用上节省一
笔不小的费用,故办杂志要以宣传本版图书为要务。1932年他
在致舒新城的一封信中表达了这样的意思:杂志无好文章不易

　　① 钱炳寰:《中华书局史事丛钞》,俞筱尧、刘彦捷编:《陆费逵与中华书局》,
第292页,中华书局2002年
　　② 钱炳寰:《中华书局史事丛钞》,俞筱尧、刘彦捷编:《陆费逵与中华书局》,
第293页,中华书局2002年

教育与出版——陆费逵研究

销售,这样的话,杂志不宜进行。① 办杂志一定要有好文章,是这位中国近代早期的杂志实践者给后人留下的经验之谈。以上或许也是陆费逵的出版杂志观。

5、多业经营与加强管理防止漏洞

陆费逵除了将主要精力用于中华书局的主业经营外,也对多业经营进行了探索,扩大中华书局的经营范围。如中华书局创办不久他就在发行部增设文具仪器课以之与图书发行相配套。他认为:"仪器文具为日用必需之品,制造贩卖,不仅可获锱铢,抑亦助顾客之兴味,广书籍之行销。"此后数十年,仪器文具成为中华书局重要的经营门类。

中华书局的"民六危机"根由之一在于管理漏洞,陆费逵对此是刻骨铭心的,日后的管理尤为注意。在发现一起假冒负责人签名窃取样书计有 300 元的事件后,陆费逵在给管理人员的一件短函中说:"防弊不胜防,舞弊舞日工。吾人得此教训,又可得一经验,加意防范,更须防其术之更工。……经过此事,将来必可减少许多作弊机会也。"②一切管理的核心是人,陆费逵曾自谓一本人才主义,对各类人才要有不同的要求。职员进用以考试或培训为主,对于管理层更应有更高的要求。

四、出版要有世界眼光

渐渐地具有世界眼光,是近代中国先觉者们给予这个时代

---

① 王震:《陆费逵年谱》(下),《出版史料》1992 年第 1 期
② 钱炳寰:《中华书局史事丛钞》,俞筱尧、刘彦捷编:《陆费逵与中华书局》,第 293 页,中华书局 2002 年

的一份遗产。陆费逵常认为我国的出版业与印刷业还太幼稚，要一千倍以上的努力才行。他的这种看法不仅得自中国出版业的现状，在很大程度上更是从世界的角度来说的。陆费逵较有世界眼光，甚至可以说是我国近代出版家中最具世界眼光的一个。这里包括几层意思。

1、做事业要有世界意识

陆费逵一向重视世界潮流，他编著的《世界教育概况》是我国最早专述外国教育的专著，1911 年出版。他认为作为商界人才，第一位的是要"明白事理，明白世界大势"。① 中华书局创办《大中华》杂志，他在卷首的《宣言书》中称办杂志的目的，第一个就是"养成世界知识"，论述各国大势，绍介最新之学术。他在《论各国教科书制度》一文中，对世界六个国家的教育与教科书情况做了研究，在最末一段中着重指出："夫今日世界之大，国家教育，不惟养成一国之国民，尤当养成世界之国民，方能与同时立国于世上者竞"，又言"谋国者当放眼于五洲之外"。如此意见，是何等的世界意识。

他的这种世界意识，与他的中西文化观有相当的关联。他的中西文化"各有优劣，重在调和"的文化观念，具有重要的学术价值与实践价值。陆费逵在一个重要年份即 1919 年写的《教育主义》一文中，着重分析了中西文化的优劣，认为中国文化的优点在于"重心性而轻物质"，劣点在于无研究、无辨别。西方文化的优点，不在政治、经济、教育、实业，也不在国富、兵强、器利，"厥为科学及社会"。科学的研究，社会的德性，以及科学、社会的精神，是我国文化中所缺乏的。因此，他提出："以东方伦理的精神，立身治家，而祛陋俗、辟谬说；以西方科学的精神，

① 陆费逵：《我对于商业人才之意见》，吕达主编：《陆费逵教育论著选》，第 361 页，人民教育出版社 2000 年

治学问与事业,而除偏见,减物欲,从而确立社会之基础。"①应该说,他的这种融合中西的文化观,影响与引导着中华书局"兼采中西文化,融和国粹欧化"的出版理念和出书宗旨。

2、做出版要有世界作为参照

早在他从事出版业之初,他就从人口、受教育人数与教育经费等方面,将中国出版与日本出版作了对比。他在很早(1906年)的一篇文章《中国书业发达预算表》中,分析"今海上书业,不下百家,贸迁之万盛,固甲全国矣。然细审此百家中,其资本出诸外人者若干家,其资本虽非出之外人,而物品纸张模字来自外洋者若干家,其资本微末者且重贩于此若干家之手,更无论矣"。他感慨"以堂堂大中国,竟无一完全自立之书籍商",衡其得失,得出结论"不如不兴教育之为愈矣"。② 这大约是他从事出版业的原因,也是他立志将出版与教育结合起来的原因。陆费逵又从美、英、法、德、意等世界主要资本主义国家的产纸量、输出额、用纸数对比分析入手,指出"国家文明之进退,殆视用纸之多少矣","世界愈文明,用纸之数愈多"。③ 在中华书局任上,他至少曾两度率业务骨干,赴日考察出版业印刷业。他常常拿中国的出版业与世界出版业作比较。在1922年写的《我国书业之大概》中,指出中外出版的两点区别,其一,外国出版业发达,营业额大,而中国出版业资本小,营业额小;其二,外国出版业不自办印刷,且分工极专业极细,而中国出版业由于不发达只得自办印刷自设分销,且无从专业分工。

1932年,时任上海书业公会主席的中华书局创始人陆费逵

①　陆费逵:《教育主义》,吕达主编:《陆费逵教育论著选》,第224页,人民教育出版社2000年

②　陆费逵:《中国书业发达预算表》,《图书月报》1906年第1期;《陆费逵教育论著选》,人民教育出版社2000年

③　陆费逵:《同业注意》,《图书月报》1906年第3期;吕达主编:《陆费逵教育论著选》,人民教育出版社2000年

在为纪念《申报》创刊 60 周年而写的《六十年来中国之出版业与印刷业》一文中,将中日美等国出版业作了一番对比,他是这样与美国比较的:"美国纽约市,近年各种实业中,以印刷出版占第二位置,年约四五万万美金,约合国币二十万万元。美国系联邦制,各邦各有其教育制度,工商业发达,所以纽约不能为全国集中之地,至多占全国五分之一。然则美国全国的印刷出版,每年有一百万万元了。我国人口四倍于美国,应该每年有四百万万元,今尚不到三千万元,不及千分之一,岂不可叹!反过来说,便是前途发展的希望,却非常之大。"①他既看到了差距,也看到了希望。

3、善于从世界出版汲取养分

陆费逵从国外出版的书籍中得到过这样的启发:"英日字典,恒朝夕不离左右。见其体裁之善,注释之精,辄心焉向往以改良吾国字典为己任。"②这就是他编辑出版《中华大字典》的初衷。他多次赴日本考察出版及印刷,发觉日本最大印刷企业之一的凸版印刷株式会社非常注重有价证券业务,回国后更下力发展印刷,使中华书局的印刷成为国内乃至亚洲最有实力的一家。他还派员工赴日学习,在他早年的笔记中写有"沈逢吉赴日本从细贝为次郎学习意大利雕刻铜版式法,尽得其奥"。③

4、外国人难以在中国书业立足

这是近代以来的中国出版业的一种实情。外国势力一直企图控制中国,但在文化上控制中国并不易。在陆费逵看来,"盖一国之'文字'、'习惯'及'国民性',均非外人所能了澈;故出

---

① 陆费逵:《六十年来中国之出版业与印刷业》,张静庐辑注:《中国出版史料补编》,第 279 页,中华书局 1957 年

② 陆费逵:《〈中华大字典〉叙》,《中华大字典》,中华书局 1930 年

③ 赵俊:《怀念雄才大略的出版家陆费逵先生》,俞筱尧、刘彦捷编:《陆费逵与中华书局》,中华书局 2002 年

版业亦非彼等所能经营也"。① 他自述之所以投身出版业,就是看到了在西强我弱的格局下,我国的出版业外国人不能控制不能与我竞争这一点。这是他从事出版业的底气。一方面要以世界作为参照,一方面又看重民族的出版,这就是陆费逵世界意识的统一。在他早年写的《同业注意》一文中,外资侵入我国出版是对我国出版构成的三大威胁之一,值得警惕。早期商务印书馆是中日合资,他痛心"堂堂大中国,竟无一完全自立之书籍商",②在民族主义高涨之际,他以此为箭,迫使商务印书馆 1914 年清退日资,而中华书局更是他"完全自立之书籍商"实验场。

把中国的出版业纳入到世界体系来看问题,与最发达国家的水平进行比较,既体现了陆费逵的爱国主义情愫,也体现了当时的出版业有远见卓识者的一种世界眼光和进取的雄心,无疑是近代出版家以出版救国思想的一种放大。

陆费逵的出版思想是和教育思想密切联系在一起的,是一种教育出版观,即服务于教育的出版理念,他在从事出版之初就意识到:"吾业与教育互为表里,今日发达未盛,皆教育幼稚之故。故吾业苟欲余言之践,宜速筹教育。"③教育是立国之本,而教科书是教育之本,他从"教科书—教育—立国"的整体思路来考察教科书的重要性,强调要想改革教育,必须以改革教科书为突破口,教育革命的进行,首要任务当是教科书革命。而他所做的一切出版活动就是以这样的一个圆心来展开。而了解陆费逵教育出版观的锁钥,最好的表述是这样一段话:

---

① 陆费逵:《我国书业之大概》,俞筱尧、刘彦捷编:《陆费逵与中华书局》,中华书局 2002 年

② 陆费逵:《中国书业发达预算表》,《图书月报》1906 年第 1 期;吕达主编:《陆费逵教育论著选》,人民教育出版社 2000 年

③ 陆费逵:《中国书业发达预算表》,《图书月报》1906 年第 1 期;吕达主编:《陆费逵教育论著选》,人民教育出版社 2000 年

"我们希望国家社会进步，不能不希望教育进步；我们希望教育进步，不能不希望书业进步。我们书业虽然是较小的行业，但是与国家社会的关系，却比任何行业为大。"①

陆费逵坐居中华书局的高位，以这样的出版理念来擘划中华书局的出版事业。我们可以说，陆费逵正是从以上这些方面构建了他的实践大厦和理论大厦，他是近代中国出版业的一座丰碑，不仅是实践上的，也是理论上的。

① 陆费逵：《上海书业商会二十周年纪念册序》(1924 年)，转引自郑子展：《陆费逵先生年谱》油印本，1946 年

第五章　陆费逵的教育思想

　　陆费逵也是我国早期一位重要的有影响的教育思想家。作为中华书局创始人,陆费逵在经营中华书局的同时,本着他一贯的教育救国主张,对教育给予了高度的重视,把教育与出版结合得水乳交融。他重视教育由来有自,或者说他对于教育的贡献更早于对出版的贡献,他的思想在开创民国教育制度、发展国民教育思想方面影响昭著。其早年时任过小学教员,在文明书局曾兼任过文明小学的校长。他曾自云,22 岁(1907 年)以后,"特注重教育及经济之研究"。[①]曾与丁福保合编过《文明国文教材》、《文明算术教科书》。他在商务印书馆就职时即创办并主编过《教育杂志》,自称是一个"好言教育,尤好谈学制"的人,[②]这份杂志更成为近代中国最重要的杂志之一,据认为也是最早的教育专门杂志,"其主张往往足以左右舆论"。[③]创办中华书局之后,又创刊了《中华教育界》,使得《教育杂志》在某些方面相形见绌。陆费逵还有许多有关教育的重要文章,如《论国定教科书》、《论中国教科书史》、《论各国教科书制度》、《敬告民国教育总长》、《小学校国语教授问题》等,有的曾得到蔡元培的高度重视,并亲往上海听取陆费逵的意见。所著《教育文存》五卷,应该说是近代中国重要的教育思想资料。他创办中

---

　　①　陆费逵:《我青年时代的自修》,《陆费伯鸿先生年谱》,第 69 页,台湾中华书局 1977 年
　　②　陆费逵:《新学制之批评》,《中华教育界》1913 年 1 月号
　　③　《陆费伯鸿先生年谱》,第 77 页,台湾中华书局 1977 年

华书局,编写出版大批教科书,和他在教育观察上有很深的造诣分不开,和他的教育思想密切相关。在教育方面,他有思想有实践,并与出版相互依托,这使他能达到相当的深度。研究陆费逵的出版必定要研究他的教育思想,而研究其教育思想,也必须与研究其出版思想相结合。这是陆费逵教育思想的基本格局,我们主要在这个基本格局下做以下几个方面的探讨。

一、教育是立国根本

陆费逵是一个富有教育思想和理想的教育救国论者,他十分重视教育的巨大作用。早在上世纪的头十年,他就写作了数十篇关于教育的论文,倡导以教育为根本的主张。1911 年"中国教育会"成立时,倡行人才教育、职业教育、国民教育并重,就是他的意见,会章也是由他起草的。

陆费逵认为教育是立国的根本:"夫教育者,国民之根本。"[①]并强调了三个重点:其一,强调教育发展与国势强弱的关系。他指出:"教育得道,则其国昌盛;教育不得道,则其国衰弱而灭亡,此一定之理也。""盖教育得道,则民智开、民德进、民体强,而国势隆盛矣。然由欲救危亡而强盛无他,亦求教育之得道而已。"[②]他在《论改革当从社会始》一文中,指出"治国者……必先谋夫教也,教育得道,则人心必变而善;人心而善,则社会之俗习惯良,而国家以立矣。"陆费逵发表此番言论 18 年之后(1933

① 陆费逵:《著作家之宗旨》,《图书月报》1906 年第 1 期;吕达主编:《陆费逵教育论著选》,人民教育出版社 2000 年

② 陆费逵:《论今日学堂之通弊》,《教育文存》卷一,中华书局 1922 年

年），早年曾任商务印书馆编译所所长，并在"一二八"商务印书馆被炸之后又主持《教育杂志》复刊的何炳松，也就这个问题发表意见说："立国于现代的世界，无论如何，必具备了一个基本条件，才可望免于灭亡。这个条件就是国民教育的普及。"①可见此为历史的共识，而陆费逵立论之早更尤为可贵。其二，教育是社会性的一个环节，"离社会而讲教育，失教育之本旨矣"。②其三，教育与政治相联系，近代中国在政治革命之后，"今日最急者则教育革命也"。③ 这三个重点是环环相扣的。

在陆费逵那里，教育是立国根本，切入点就是教育与出版的结合，他认为书业与教育"互为表里"。辛亥革命起义成功，他看到共和政体即将诞生，教育制度也将随之发生变革，教科书必将重新编写，而商务还没有改编教科书的举措，于是他将孕育已久的"用教科书革命"的理想付诸实践，用出版来从事教育的改造。他在《中华书局宣言》中更阐明宗旨："立国根本，在乎教育，教育根本，实在教科书，教育不革命，国基终无由巩固，教科书不革命，教育目的终不能达也。"1916 年，中华书局董事会制定书局第三期发展计划，在编辑方面，"一、改良普通教科书及学校用品以助教育普及；二、注重高等科学书及字典辞典等以养成专门人才；三、多编通俗讲演书及有益小说以辅助社会之教育；四、其他如精印古书，广译西书，自制仪器标本，皆吾局对于教育之天职，其于二三年后达于完备之点，庶吾国文化亦得蒸蒸日上"。④ 这可以视作一份教育与出版相结合的完备的实施纲

---

① 何炳松：《国民教育与制宪》，《东方杂志》第三十卷第七号，1933 年 4 月 1 日

② 陆费逵：《新学制之要求》，《中华教育界》1912 年 3 月号

③ 陆费逵：《教科书革命》，《申报》1912 年 2 月 26 日；吕达主编：《陆费逵教育论著选》，人民教育出版社 2000 年

④ 《五年概况》，1916 年，据钱炳寰：《中华书局大事纪要（1912—1954）》，中华书局 2002 年

领。陆费逵在二十年代上半叶又进一步总结说:"我们希望国家进步,不能不希望教育进步;我们希望教育进步,不能不希望书业进步。"①在他眼里,国家、教育与出版连成了时代的一条主线。

二、教科书和国语

后世研究者将 20 世纪上半叶教科书的变迁称为"民族魂",②可见其时教科书在提升民族素质方面的意义。教科书是陆费逵毕生关注的事业与营业,教科书革命是陆费逵教育思想的支撑点。他的教科书思想包括如下几个方面:

一是教科书是教育根本,教科书必须革命。眼看清政府将要垮台,共和民国将要建立,他意识到没有适宜的教科书,革命胜利的成功必定得不到巩固。他开创中华书局,在成立宣言中开宗明义地写道:"立国根本,在乎教育。教育根本,实在教科书。教育不革命,国基终无由巩固。教科书不革命,教育目的终不能达也。""今日最急者则教育革命也。"而他的教科书革命的思想核心,就是要紧跟时代与时俱进。他将教科书内容更新与巩固革命成果联系起来,认为教科书不革命,则不能灌输自由之真理、共和之大义、国家之学说。《申报》1912 年 2 月 26 日刊载陆费逵《教科书革命》一文,其中的重要一节如下:

　　清帝退位,民国统一,政治革命,功已成矣。今日最急

① 《书业商会 20 周年纪念册序》,吕达主编:《陆费逵教育论著选》,第 100 页,人民教育出版社 2000 年

② 汪家熔:《民族魂——教科书变迁》,商务印书馆 2008 年

教育与出版——陆费逵研究

者则教育革命也。本局自客秋以来,努力进行,小学用书今已出版。本最新之学说,遵教育部通令,以独立、自尊、自由、平等之精神,采人道、实业、政治、军国民之主义。程度适合,内容完善,期养成完全共和国民以植我国基础。其中有:国文八册,国文教授书八册,算术八册,算术教授书八册,中华共和国民读本二册,中华高等小学修身四册、国文八册、算术四册、算术教授书四册、历史四册、地理四册、理科四册、理科教授书四册、英文四册。①

这是从理论与实践相结合的角度阐述的,他的教科书革命的思想表达得再清楚不过。某种意义上说,这也是其全部教育思想的起点和纲领。

二是教科书应废官办改由民办。早在新式教科书兴起之初,陆费逵就提请国人和同业注意两个方面,一方面是教科书不宜官办,他的《论国定教科书》一文中指出,"近闻学部有编纂教科书之举。吾始闻而喜,继而疑,终乃戚然大惧,惧以此阻我全国教育之进步耳"。由喜而疑而惧,表明了陆费逵反对教科书由官办的态度。他还有一篇《论学部编纂之教科书》,结合实例对学部所编国文与修身两科课本"之不当处评论之",矛头直指教科书"国定制"之弊。② 另一方面是力主民办,当听说政府可能将仿日本国定教科书办法,"许民间翻刻",他提醒"吾同业诸君,其速谋之"。③ 他主张"我国今日之教科书,决不可国定;即使必欲国定,亦当有种种预备,决非聘十数人,设一局所,仓卒下手,遂可以集事也"。④ 陆费逵之所以如此主张的原因,其一,编

---

①　吕达主编:《陆费逵教育论著选》,第 100 页,人民教育出版社 2000 年

②　参阅陆费逵:《论学部编纂之教科书》,《出版史料》2010 年第 3 期

③　陆费逵:《同业注意》,《图书月报》1906 年第 3 期;吕达主编:《陆费逵教育论著选》,人民教育出版社 2000 年

④　陆费逵:《论国定教科书》,《图书月报》1906 年第 3 期;吕达主编:《陆费逵教育论著选》,人民教育出版社 2000 年

辑教科书必须有一个教育发展的过程；把教科书过早地统于一手，则无竞争，不能进步；其二，政府（学部）编辑迟缓，不如改编辑为审定易于操作；其三民间编辑，则优胜劣败，自为菀枯。反对教科书的"国定制"而主张民办制，是陆费逵一以贯之的教育思想的重要内容。他的民办教科书的主张虽然不排除为民营出版业从事教科书提供理论支持，但主要的还是从教育自身的规律看问题的。因为他的这个思想萌发的初期，他本人并未在做教科书。

三是教科书须体现宗旨。这个宗旨他先后做过多种表述，"务养成独立、自尊、自由、平等、勤俭、武勇、绵密、活泼之国民，以发达我国势，而执二十世纪之牛耳"。[①]"培养国民人格，以发展民国精神"，[②]课程设置要服务于宗旨。

教科书的用语问题也是那个时代的一个重要问题。陆费逵对此也下力很多。早在清末，陆费逵就积极提倡"统一国语"和"言文一致"。由于他所从事的出版事业和教科书打交道，就更感到国语和教科书联系紧密。他主张小学教科书用口语文，容易学容易写，且实用。[③] 1921 年陆费逵等发起创办上海国语专修学校，陆费逵除了任校董之外，学校的办校经费、师资、教材等均由中华书局负责。陆费逵指派中华书局的国语部长黎锦晖兼任教务长和教授，后又继任校长。中华书局也注重出版国语教材和有关国语的学术著作："本局提倡国语，不遗余力，出版图书教具，新颖精审，夙受教育界的赞许，前出国语书目，小本精印，既便携带，尤便检查。近又新编国语大张书目，专供各局发

① 陆费逵：《民国普通学制议》，吕达主编：《陆费逵教育论著选》，第 117 页，人民教育出版社 2000 年
② 陆费逵：《论教育本义当定为"培养国民人格，以发展民国精神"》，吕达主编：《陆费逵教育论著选》，第 257 页，人民教育出版社 2000 年
③ 陆费逵：《小学校国语教学问题》，《中华教育界》1919 年第 8 卷第 1 期

售国语书籍时包裹之用,现已出版分发各局云。"①对于国语的重视贯穿陆费逵一生,1940 年 3 月他在出席国民参政会第一届第五次会议时,提出《改良国语教育案》,指出:"普及国语之需要,为今日第一要务。"②

陆费逵的这些教科书主张,确实为出版业从事教科书编辑出版提供了理论根据和实践指导。

三、教育改革与教育方针

陆费逵的教育思想是多方面的。教育改革就是一个重要的方面。他对旧教育基本持批评态度,认为传统教育,无所谓教育,或者只是为借教育借科举为做官的预备,或者只是一种奴隶教育。"办学愈久,去教育原理愈远"。③ 他认为这种现状必须改革。

陆费逵对于教育改革是颇有见地的。前已提及,陆费逵认为,近代中国教育改革,必须紧随政治与社会变革。政治革命之后"今日最急者则教育革命也"。④ 教育是社会性的一个环节,"离社会而讲教育,失教育之本旨矣"。⑤ 除了从根本上立论之外,他还写过很多文章,来讨论教育方针、学制年限、减少授课时

---

① 《中华书局月报》第 25 期,1924 年 10 月
② 王震:《陆费逵传略》,《中国现代社会科学家传略》第 4 辑,山西人民出版社 1983 年
③ 陆费逵 :《新学制之批评》,《中华教育界》1913 年 1 月号
④ 陆费逵:《教科书革命》,《申报》1912 年 2 月 26 日;吕达主编:《陆费逵教育论著选》,人民教育出版社 2000 年
⑤ 陆费逵:《新学制之要求》,《中华教育界》1912 年 3 月号

数、注重实利教育、厘订课程标准、编辑教科书等,皆能击中时弊。在 1909 年写的《小学堂章程改正私议》一文中,他批评1904 年《奏定学堂章程》:"其缺点有六:科目太繁一也,时间太多二也,重视读经三也,轻视国文四也,年限太长五也,程度不合六也。"从他的这个批评,以及他在这篇文章中为小学开设的课程科目中取消了读经看,陆费逵是在尊奉"四书五经"的封建制度下,最早公开著文主张废除读经课的第一人。① 在《民国普通学制议》中,他指出清末兴学成效不著之弊,在于学制不善,比如年限太长,课程不合等。他建议学校体系应国民教育、人才教育、职业教育三者并重。而这篇文章的重心又回到了根本上:"民国行共和政体,须养成共和国民。今日为 20 世纪竞争剧烈之世,非军国民、经济国民不足于立世。而文明日启,工业发达,非有科学,又不足以促国家之进化也。今兹所订课程,即非于此诸主义,务养成独立、自尊、自由、平等、勤俭、武勇、绵密、活泼之国民,以发达我国势,而执 20 世纪之牛耳。"②

教育改革离不开教育方针的确立。陆费逵通过在商务印书馆主编《教育杂志》直接推动了关于教育方针的讨论与思考。据蔡元培说,他对于新教育方针的思考就是因陆费逵而起。"是时陆费伯鸿君方主任商务印书馆之教育杂志,曾语子民谓'近时教育界或提倡军国民主义,或提倡实利主义,此两者实不可偏废'。然子民意以为未足,故宣布'蔡子民对教育方针之意见',谓教育界所提供之军国民主义及实利主义,固为救时之必要,而不可不以公民道德教育为中坚,欲养成公民道德不可不使有一种哲学上之世界观与人生观,而涵养此等观念,不可不注重美育等语,此实为新教育意见一文之提要"。③

① 汪家熔:《近代出版人的文化追求》,第 179 页,广西教育出版社 2003 年
② 《教育杂志》第 3 卷第 10 期,1912 年
③ 《陆费伯鸿先生年谱》,第 77 页,台湾中华书局 1977 年

对于教育方针的重要性,当时可能没有人像陆费逵这样认识得很清楚。陆费逵认为:"夫教育方针,当于国是一致,尤当合世界之潮流,非可尽超轶夫政治也。"①在他看来,在新旧教育鼎革之际,新教育的真义,不只是教育的本义,而应当定为"培养国民人格,以发展民国精神"。国民人格与民国精神的关系应当是:"培养国民人格而不用以发展民国精神,则民国之基础不立。发展民国精神而不先之培养国民人格,则乌合之众,民国精神终未由发展也。"②只有把这两者结合起来,教育才有前途,国家也才有前途。他又把教育方针具体到培养国民的一个方面,"民国教育方针,宜以实利主义为标志,勤俭耐劳为学风"。③陆费逵是当时主张实利主义教育方针最力的一人。

四、实利主义和职业教育

陆费逵作为 20 世纪上半叶重要的教育家,对实利主义教育给予了高度的重视,是近代实利主义教育思想的代表人物。他认为国民欲自立,必须具有"生活之知识,谋生之技能,而能自食其力",他主张把实利主义教育作为整个教育的源泉。④ 所谓实利主义,在陆费逵看来,"非惟实业,非为手工图画,盖此特其

---

①　陆费逵:《民国教育方针当采实利主义》,《教育文存》卷一,中华书局 1922 年

②　陆费逵:《论教育本义当定为"培养国民人格,以发展民国精神"》,《中华教育界》1920 年第 9 卷第 2 期

③　陆费逵:《民国教育方针当采实利主义》,《教育文存》卷一,中华书局 1922 年

④　陆费逵:《民国教育方针当采实利主义》,《教育文存》卷一,中华书局 1922 年

形式也。其精神所在,则勤俭也,耐劳也,自立自营也"。① 质若人人如此,则民智、民德、社会、国家必能进步。"举凡一切为人之德义,实利主义之教育无不含之"。言下之意就是使人能维持生活。这是人生第一要义,由此才能展开其他。他严肃指出,必须学习各国注重实利主义教育的长处,中国"若不急施实利主义教育,而欲与英、德、法、美诸国竞,其不贫且弱者殆无天理也"。陆费逵的实利主义教育思想与黄炎培倡导的实用主义教育相呼应,激荡了中国近代较有影响的教育思潮。蔡元培也将实利主义教育作为富国的手段,主张以"人民生计为普通教育之中坚"。实利主义教育思想响应了当时社会实业主义思潮。

正是从实利主义教育思想出发,陆费逵大力提倡职业教育,是早期最重要的职业教育思想家,并与黄炎培一起成为在中国推行职业教育的实践者。

职业教育实际上是实利主义教育的一个方面,或者说实利主义是职业教育的纲。在近代中国,职业教育是一种强大的教育思潮。职业教育一词,在中国产生于上世纪初,1904 年,山西农林学堂总办姚文栋在《添聘普通教习文》中第一次使用"职业教育"一词。他说:"论教育原理,与国民最有关系者,一为普通教育,一为职业教育,二者相成而不相背。"根据目前所接触到的材料,姚文栋是最早明确使用"职业教育"这一概念的中国人。② 但对职业教育的含义,他并未论及。

在民国成立前首先撰文提倡职业教育的是陆费逵。③ 其时陆费氏任《教育杂志》主编。陆费逵对于职业教育的提倡是全

① 陆费逵:《民国教育方针当采实利主义》,《教育文存》卷一,中华书局 1922 年

② 孙培青、李国均主编:《中国教育思想史》第 3 卷,第 185 页,华东师范大学出版社 1995 年

③ 王炳照、阎国华主编:《中国教育思想史》第 6 卷,第 98 页,湖南教育出版社 1996 年

方位的,而且发表了一系列的文章来倡导。在理论观点的阐述上,1911 年他在《世界教育状况序》中首先提出要重视职业教育,指出:"吾国今日,亟宜注意者有三。国民教育,一也;职业教育,二也;人才教育,三也。国民程度之高下,恃国民教育;国民生计之赢绌,恃职业教育;而国势之隆替,教育之盛衰,厥为人才教育。质言之,无国民教育则国基不固;无职业教育,则生活维艰;无人才教育,则国家无所依,国民失向导,终于必亡而已矣。"[1]他主张这三种教育并重:"我向来主张国民教育、职业教育、人才教育三者并重。国民教育要量多,人才教育要质精,职业教育要适实用。"[2]这等于全面阐述了教育包括三个重要的方面以及这三项教育之间的关系。因为缺乏人才教育与职业教育,实业不能发达,民生不能富裕。

发表这篇文章两年多以后的 1913 年 12 月,陆费逵考察江苏、山东、直隶三省教育,"所至之处,小学渐见发达,而人才教育和职业教育,不惟不进,反有一落千丈之慨"。由于看到职业教育不为人所重,他因此而撰文《论人才教育职业教育当与国民教育并重》,更下力提倡人才教育与职业教育相结合,指出这两项教育"殆较国民教育为尤急"。他认为,职业教育的核心是以授人一技之长可谋生活为主,"所以使中人之资者,可尽所长,以期地无弃利,国富民裕也"。在他看来,国民教育并非不重要,然以吾国今日情状言之,人才教育、职业教育,殆较国民教育为尤急。特别是职业教育,"非职业教育兴盛,实业必不能发达,民生必不能富裕"。而同时人才教育、职业教育"所费不多,收效至弘且速"。[3]必要而又可行,这也是陆费逵极力提倡我国

---

① 　陆费逵:《〈世界教育状况〉序》,吕达主编:《陆费逵教育论著选》,第 89 页,人民教育出版社 2000 年

② 　陆费逵:《中国教育建设方针》(此书为舒新城著)序,中华书局 1932 年

③ 　陆费逵:《论人才教育、职业教育当与国民教育并重》,《中华教育界》1914年 1 月号

兴办职业教育的原因。陆费逵倡导职业教育的难能可贵之处，在于看到了职业教育兴盛与实业发达之间的关系，提出职业教育应以授人一技之长为主，这实际上构成了以后职业教育思潮的重要内涵。[①]

陆费逵的主张，对职业教育在中国国民教育体系中地位的确立，打破民国初年只重视国民教育的观点和做法，是起了推动作用的。1922 年，职业学校被正式纳入北洋政府颁布的学校系统，这个学制还规定，在中小学校增加职业教育课程，各种实业学校改为职业学校，这样职业教育也就正式取代了实业教育，并由政府以法令形式公布实施。[②]

从事出版，对于陆费逵和张元济这一类知识分子的教育思想是有影响的，教育与出版肯定都要面向大众，因为所从事的职业是面向大众的，所思考的教育问题也是要面向大众的，他们必定比其他的教育思想家更注重大众问题，这也是连早年主张精英教育的张元济也要从精英教育转向大众教育的原因，不能说是唯一原因，至少也是重要的推力。

五、实践作用

陆费逵自清末以来就是一位有影响的教育思想家。因为他有过编辑教科书的经验，更重要的是主编过当时全国唯一定期的教育专门刊物《教育杂志》，对教育界有左右舆论的作用。陆

---

① 　王炳照、阎国华主编：《中国教育思想史》第 6 卷，第 98 页，湖南教育出版社 1996 年

② 　陈科美主编：《上海近代教育史》，第 350 页，上海教育出版社 2003 年

费逵教育思想的一个特点,就是注重实践实行。他的教育研究和教育思想,对于民国的教育是产生过影响的。1910 年中国教育会在北京成立,会章便由陆费逵起草。① 蔡元培任民国政府教育总长时,也曾借助他的力量来帮助谋划教育实施。他主编的《教育杂志》在其教育思想的实践上具有重要作用,可以视作一部教育思想专论。

陆费逵教育思想在实践上产生作用的途径有三:一是通过从政者来实施,一是民间的实施,一是自己的身体力行。

其一,通过从政者来实现。

民国成立之初蔡元培掌教育部,陆费逵曾据多年的研究陈说教育部当前最紧要的工作就是整顿教科书:"前清学部教科书,内容不合共和政体处,较民间出版者尤多,改不胜改。且编法太旧,文字太深,即改亦不合用。不如通令各学校仍用民间已出之教科书,其与共和政体不合者,列表删改可也。今距春季开学不守月余,政体初更,各省皇皇不知如何措手。我以为去泰去甚,定暂行办法,并将要旨先电各省教育司,俾得早日准备开学,教育部第一步工作此为最要。"②据陆费逵本人言,他在教育方面的一些意见得到蔡元培的重视,蔡任教育总长时采纳了他不少意见。1912 年初,陆费逵发表《敬告民国教育总长》,提出建议:1、速宣布教育方针;2、颁普通学校暂行章程;3、组织高等教育会议;4、规定行政权限。他建议新任教育总长,在筹划新教育时应"以政治的眼光,察社会之情状,不可囿于学理,尤不可盲效他人"。他认为教育方针应以养成共和国民为根本原则。为了尽早恢复因战乱和政治变化而遭破坏的教育事业,他认为宜定一暂行办法,将要点先行告知各省教育管理部门以便早日准

---

① 《陆费伯鸿先生年谱》,第 72 页,台湾中华书局 1977 年
② 陆费逵:《我青年时代的自修》,《陆费伯鸿先生年谱》,台湾中华书局 1977 年

备开学。并提出五条建议:第一,仍按每学年两学期的做法,因为各种设备和教科书都是两学期制;第二,改订课程,中学一律删去读经,中学不分文科实科;第三,小学允许男女同学;第四,教科书听任各省自由采用,惟以不违背教育方针为限;第五,清学部旧章,不背民国宗旨者,暂许通月。① 这些建议从现实出发,有利于尽早恢复教育。这些意见既及时又颇有见地,得到蔡元培的采纳,蔡并委托蒋维乔与陆费逵等一起起草民国普通教育办法。蔡元培由欧洲回国准备就任教育总长时,曾咨询于蒋维乔(时蔡元培邀其任教育部秘书长)、陆费逵等,蒋与陆费在商务印书馆编译所内与高梦旦、庄俞等人共同计议,由蒋、陆费二人草拟了普通教育暂行办法十四条。② 这就是 1912 年 1 月 19 日公布的《普通教育暂行办法及课程标准》,它确立了我国普通教育的大纲,使我国教育步入了统一的轨道。暂行办法十四条,重要者如男女同校、小学废除读经、废止奖励出身等,使普通教育步入现代。同时,它还是我国第一个课程标准。这个暂行办法与课程标准成为较长时间内一直在使用的教育基本框架。③ 这些办法"内容大体根据我三年中所研究的结果,如缩短在学年限,减少授课时间,小学男女共交,废止读经等"。④ 舒新城谓:"史家对于《暂行办法》及《课程标准》两令,称为民国教育史之绝续汤,均出自先生平日研究之所得也。"⑤随后,蒋随蔡去南京组建教育部。此时出版机构俨然也成了教育行政机关。

其二,通过民间来实现。

---

① 《教育杂志》第 3 卷第 10 期,1911 年
② 参《陆费伯鸿先生年谱》,台湾中华书局 1977 年
③ 汪家熔:《民族魂——教科书变迁》,第 124、140—141 页,商务印书馆 2008 年
④ 陆费逵:《我青年时代的自修》,吕达主编:《陆费逵教育论著选》,第 313 页,人民教育出版社 2000 年
⑤ 舒新城:《陆费伯鸿先生生平略述》,吕达主编:《陆费逵教育论著选》,第 874 页,人民教育出版社 2000 年

陆费逵通过办刊物发表论文来阐发自己的教育思想，又把自己的教育思想通过政府的首肯而转化为国家教育政策，同时他还通过编写和出版教材、直接创办学校等方式实现自己的教育思想。其作法，一是通过民间编写教材来实现，借助出版的平台来演绎他的教育理想与抱负；二是通过民间发起教育运动来推行；三是直接创办学校来实现。早年在文明书局编写教材，后来在中华书局更大力开发教科书，都是他的教育实践的一种形式。为了实现他提出的职业教育理想，1926 年陆费逵在中华书局创办了中华函授学校，面向职工与社会各界招生。授课教师大都由书局学有专长的编辑兼任，员工上学如成绩合格可免学费，成绩优异还可获得奖励。学校持续了 10 多年，毕业生达数万人之多，至 1940 年由于战争到来才不得已停办。

其三，自己的身体力行。

他不仅是有教育思想的人，也是一个教育实践者。他编辑了许多教育方面的图书，作为一个有教育思想的出版家、编辑家，他在编辑出版实践中贯彻自己的教育理念。1917 年陆费逵着手编辑《教育丛书》和《通俗教育丛书》。前者是一套有关教育学的论著丛书，由陆费逵、戴克恭主持编辑。其中包括教育理论、教育行政、教育制度、教育心理、职业教育、小学教育、幼稚教育、乡土教育、社会教育以及西文先进国家教育方法考察等方面的内容，共 50 种。这套丛书为大学教育系和师范学校广泛采用为教材或参考书。

他本人的著书立说。1921 年陆费逵将自己有关教育的文章加以整理，辑成《教育文存》一书，共五卷，以类相从，第一卷为关于学制、教育宗旨及教学管理，第二卷为修养，第三卷关于国语，第四卷关于女子教育及性欲，第五卷为杂文。

他直接参与黄炎培发起的职业教育运动，并是重要成员，以实践贯彻自己"吾国今日，亟应注意者三。国民教育，一也。职业教育,二也。人才教育,三也"①的思想主张。他还十分重视教育的实地考察,结合教科书发行,到宁、鲁、燕、晋、港、粤等地考察教育。

陆费逵的教育思想是丰富的,他是有世界眼光的教育思想家。他在 1910 年写《论各国教科书制度》,第二年又编辑了《世界教育状况》一书,共十五编,作为《教育杂志》的临时增刊,并自写序言。陆费逵的教育思想中还有很多方面,如饮食教育、性教育、女子教育问题。女子教育,是近代教育家关注的一个问题,作为编辑家的杜亚泉在 1902 年为商务印书馆写的新式教科书《文学初阶》中也涉及到女子教育,"即妇女亦宜读书",并设有专门一课讲妇女读书的必要。② 陆费逵十分关注女子教育问题,写作了多篇与此有关的文章。他不赞成旧日之闺秀教育,也不主张女子与男子受同等教育,而是从女子体力以及人类互助社会分工等各方面综合考虑,主张女子教育包括三大内容:第一养成贞淑之德、和易之风,并授以家政之智能,以期可为人妻;第二养成慈爱之性,高洁之情,并授以育儿教子之职能,期可以为人母;第三当设女子师范、女子裁缝、刺绣、蚕业、图画、音乐等学校,其可以习一业以生活。第三个内容实际是生计教育。他认为:"中国衰弱之原因,其咎亦在女子无生计教育也。苟女子有生计教育,则现在可以助男子力之所不及,而将来之结果,则可培养新国民,而移风易俗而强国矣。"③他认为女子教育应采行三种主义,一曰家庭主义,二曰教育主义,三曰职业主义。所谓家庭主义,即养成主妇,以改良家庭,盖家庭是社会的基本细胞。所谓教育主义,即养成师范以教育未来国民,也即自己的子女。

---

① 陆费逵:《世界教育状况序》,《教育文存》卷五,中华书局 1922 年
② 杜亚泉:《文学初阶》第 6 册第 6 课,第 46 课
③ 陆费逵:《论改革当从社会始》,《楚报》1905 年 9 月 6 日;吕达主编:《陆费逵教育论著选》,人民教育出版社 2000 年

所谓职业主义,即授以谋生的能力而自立。[1] 在《女子教育的急务》中,他更进一步提出了女子教育的目的有四:一是健全女子的人格;二是养成贤母良妻;三是在男子能养家的时代,能从事无害生理、无妨家庭的职业;四是预备充足的实力,于必要的时候,代男子做国家社会一切的事。时人认为他对于女子教育"尤有特见"。[2]

陆费逵的教育思想当中也有不科学的地方,他认定教育的目的是"无一不以人性教育为其目的",但他的人性教育又主张以宗教精神屡入,"采宗教之学说为精神之训练"。[3] 因为他本人信奉佛教。

胡适早年在被邀请做商务印书馆的编译所长时,曾说过这样的话:"得着一个商务印书馆,比得着什么学校更重要。"尽管胡适并未去做这个所长,但这句话依然很重要,它从一个方面说明,以商务为代表的出版机构在教育方面的作用,是比任何学校都不逊色的,出版机构与教育有着天然的关联。富有教育思想和理想的陆费逵主政的中华书局,同样是中国最重要的教育重镇之一,从某种意义上说,他的教育主张既主导了他的出版思想,也通过出版活动得以体现。陆费逵的教育家与出版家的双重身份和他以教育的思想与出版相结合的实践,在一定程度上既推动了教育,也影响了出版,乃至进而影响了中国近代社会。陆费逵的思想与实践,很值得我们进一步去总结和继承。

---

[1] 陆费逵:《新学制之要求》,《中华教育界》1912 年 3 月号;并见《女子教育问题》,《中华教育界》1913 年 5 月号

[2] 《陆费伯鸿先生生平述略》,《陆费伯鸿先生年谱》,第 14 页,台湾中华书局1977 年

[3] 陆费逵:《灵魂与教育》,《中华教育界》1918 年第 1 卷第 1 期

第六章　陆费逵与商务印书馆、中华书局的几位主政者

　　一个人总是时代造就的,而时代造就的往往不是一个人,常常是一批人一群人。这一群人既有其个性的特征,也理所当然地会体现出时代的群体特征。作为商务印书馆和中华书局最主要的领导者,张元济、王云五、陆费逵与舒新城们,都是那个时代的宠儿,是中国近代出版史上最杰出的一群人物。

一、陆费逵与张元济

　　张元济 1867 年出生,比陆费逵年长 19 岁,商务印书馆与中华书局的这两位主持人甚至于可以说是接近两代人了。

　　但他们投入出版献身教育的时间却没有相差 19 年,投身出版的时间更几乎是同时的。张元济在 1902 年应夏瑞芳之邀进入商务印书馆而投身出版,这一年他有 35 岁了,已然是具有一定社会声望的人士了。陆费逵稍后几年进入出版业,其时不到 20 岁,他的名字还不为人们所知。那个年代的知识分子还很少有人将出版业作为一种谋生手段,更谈不上作为一种事业来追求,出版业还远未成为一种像样的事业,即使是商务印书馆那时

也还是"看不出什么苗头的出版机构"。① 张元济是从中道转入,而陆费逵却几乎是从人生一开始就投身出版。

正是从张元济、陆费逵这两茬人开始,中国近代知识分子中的一部分先知先觉者开始将出版作为安身立命的事业,借出版来实现自己的理想。出版作为一种社会职业,在他们那里开始定型,或者说近代出版人的职业化是从他们开始的。所谓职业化是指一种特殊的社会分工,也就是一定的社会群体在一定的社会中,从事同一类同一性质的工作。作为近代出版初期出版人的陆费逵、张元济有着许多的共同点,其中最主要的一点就是实行教育与出版的结合,将教育与出版打通,以教育为手段,以出版做工具以提升民族素质,这是那一代出版人共同的运思指向和事业眼光。

张元济出身翰林,在 1898 年的变法中,因为创办通艺学堂而被视为成功的新派教育家,变法失败后南下,他更全力参与南洋公学的教育事业。张元济漫长的一生中,纵使政局变化无常,社会动乱频繁,他的信念从来没有动摇,这就是,若中国人不能获得良好的教育和具备充分的知识,中国是不可能实现真正的现代化的。他不同时期的信札表明了这一点。② 在投身出版的前一年,他在致书盛宣怀时说:"国民教育之旨,即是尽人皆学,所学亦无需高深,但求能知处今世界不可不知之事,即可立于地球之上。否则未有不为人奴,不就消灭者也。"③投身出版之前,他就与商务印书馆有一个重要的约定"以扶助教育为己任",投身出版之后他的教育观念有了一个重大转折:"出版之事可以提携多数国民,似比教育少数英才为要。"很明显,张元济在出

---

① 陈原:《张元济的理想与商务印书馆的现实》,《界外人语》,商务印书馆 2000 年

② 叶宋曼瑛:《从翰林到出版家——张元济的生平与事业》,第 5 页,商务印书馆(香港)1992 年

③ 《张元济书札》下册,第 1008 页,商务印书馆 1997 年

版界的教育努力主要集中在大众教育的普及,即他所称的国民精神的教育。如他以后所追怀的:"昌明教育平生愿,故向书林努力来。"当有亲友劝他去京走仕途时,他回复:"弟近为商务印书馆编纂小学教科书,颇自谓可尽我国民义务。"①他是近代中国最早从事新式教科书的人当中的一个。他认为:"今欲教育普及,必须教科书籍日出不穷,方能达此目的。"②进入商务印书馆的当年,即1902年3月,他在上海《教育世界》杂志第20号上发表了《答友人问学堂事书》,全面阐述了他的教育思想,汲汲于教育之普及,更明确提出"速自编译"适合我国少儿接受特点和认识规律的新式小学教科书。他并率领一帮志同道合者投入新式教科书的编写。张元济在投身出版界前的一段时间的教育努力主要集中在英才教育,在投身出版界前后,他更清楚地认识到大众教育更为重要。这样的理念,是最早从事出版的那一代知识分子所共有的,或者更准确一点说,是他们从出版角度对于中国教育理论与实践的一种贡献。从事出版成了实业救国的理想方式,改革教育成了他们文化救国的实现途径。把新式中小学教材的建设作为出版事业的重头,中国近代的教育事业因为出版家们对新教材的建设而大大地提高了质量,提升了水平,也大大地拓展了教育面。诚如美国的学者科恩所说,这个年代"最紧迫的教育工作不是让少数人学更多的东西,而是让多数人受到足够的教育"。③

陆费逵的教育主张与张元济的大众教育的精神实质是一致的。对于陆费逵,张元济是很赏识的,没有张元济的点头认可,陆费逵是进不了商务印书馆编译所的,也就不能在1909年创办《教育杂志》。张元济在创办杂志和提倡教育方面的极大兴趣

---

① 《张元济书札》中册,第654页,商务印书馆1997年

② 张元济:《对版权律、出版条例草稿意见书》,《张元济诗文》,第162页,商务印书馆1986年

③ [美]科恩著,聂崇信等译:《论民主》,第287页,商务印书馆1988年

与矢志,对《教育杂志》的创办必定有很大的帮助,乃至具有决定性的作用。张元济在 1910 年环球考察时曾给高梦旦信,说到教育杂志"亟宜全力经营",对于杂志"鄙意似可多办"。[①] 创办《教育杂志》成为陆费逵毕生事业一个新的起点,也是他以后真正成为一个教育家的必要的大台阶,陆费逵不仅把《教育杂志》办出了社会影响,同时也在自己的这个杂志上撰写发表了积极主张教育改革的一系列文章,引起较强烈的反响,可以说是张元济给了他这样的一个大平台,这是前辈对于后生的提携。张元济以"扶助教育为己任"的约定作为商务印书馆的出版方针,这个方针也就确定了《教育杂志》的宗旨,或者说陆费逵提出的"研究教育,改良学制"的办刊宗旨,与张元济确定的商务印书馆的出版方针是高度统一的。

应该说是张元济将陆费逵引入当时中国教育界核心圈的。1911 年,学部大臣建议在京中召开一个"中央教育会",目的是为了汇集全国优秀教育专家的意见。每省派出两名代表与会,会中促成了中国教育会,其作用是作为学部的顾问,张元济是副会长,会长是张謇。张元济选择陆费逵陪同前往北京参加全国的教育会。

从更广阔的意义说,张元济的出版实践与出版思想也肯定对于可以作为晚辈与属下的陆费逵以影响。中华书局的教科书、工具书以及古籍图书等的出版,是沿着张元济开辟的路径往前走的,在这一方面,张元济与陆费逵两人毕竟有着同样的教育文化志向与追求。陆费逵与张元济都是以出版扶助教育而从事文化出版事业的。

张元济与陆费逵都是爱国论者,同时也都是中西文化的调和论者。虽然张元济出版生涯的大部分时间,是从事中国古籍的整理、校勘与出版,但他一生坚守中西文化融合的主张,立足

---

① 《张元济书札》下册,第 956 页,商务印书馆 1997 年

于民族文化,求中西文化之融合。他说:"欲取泰西种种学术与吾国之民质、俗尚、宗教、政体相为调剂,扫腐儒之陈说,而振新吾国国民之精神耳。"陆费逵的主张也是"中西文化,各有优劣",其所主持的中华书局也以"兼采中西文化,融和国粹欧化"为出版宗旨。张元济与陆费逵都是中国优秀文化道德传统的承继者,又都在维新和革命的变奏中转向文化教育事业,并以此来提高民族的思想道德水平的。张元济和陆费逵对传统文化的关注,在根本上是出于对祖国和民族的亦诚与热爱。张元济在日寇侵华之际仍孜孜不倦最后完成《四库全书》及《百衲本二十四史》的出版,是因为"事关国脉,士与有责","惟深存吾国数千年之文明,不至因时势失坠,此为应尽之责"。陆费逵对书局的名称以及丛书、杂志的题名,都冠之以"中华",它的主要刊物由《大中华》而至《新中华》,其中的涵义是十分丰富的,底蕴是十分深厚的,既有对辛亥革命的纪念,又有对铸造共和新国民的目标的追求,更有对父母之邦的深情挚爱,对祖国振兴的热切希望。在他看来,人人都应该有国家的观念,人人都应该明白自己是堂堂正正的中国人。

有了这样紧密的关联,陆费逵仍从商务印书馆中杀出,乍看似乎是对商务的背叛,但这只是皮相之论,我们毋宁说陆费逵是以别种方式别一途径发扬了张元济的精神,拓展了张元济的事业,即以出版与教育的结合进一步光大了张元济们的事业,既可以说是年轻一辈对老一辈的挑战,也可以说是对张元济教育理想的延伸。

茅盾称,在中国的新式出版业中,张元济"确实是开辟草莱的人",是"学贯中西,博古通今"的学者,是一个"有远见有魄力的企业家"。① 这样的评价差不多是空前的,也是绝后的,而对于中华书局的开创者陆费逵来说,这句话也有一定程度的契合。

① 茅盾:《我走过的道路》上册,第 112 页,人民文学出版社 1997 年

教育与出版——陆费逵研究

由教育而到出版,由出版而到教育,在这一点上,两位出版的精英,是那样的契合。他们是那个时代的教育与出版事业的志愿者。

　　当然他们也有不同点,陆费逵没有张元济那样的背景,那样的资历。几乎没有受过正统的学校教育,只有区区 7 年多一点家庭教育的陆费逵,在这一点是无法与翰林出身的张元济相提并论的。但好汉莫言出身,时势可能造就英雄。张元济是"言商仍向儒"的一辈人,张元济是立宪派。而陆费逵作为年轻的一代,则更懂得革命的意义,是共和的参与者,这一点使他在与张元济的商务印书馆的较量中,取得了第一回合的胜利。张元济从事出版后,虽然在内心里他离不开政治,内心的理想之结并未解开,但却在实际运作中力图远离现实政治,倡导"在商言商"。陆费逵在政治上远比张元济敏感,似乎中华书局出的书在政治方面比商务印书馆也要开放些,后来在与官僚资本的结合上也走得更远些,即在引入官僚资本股份方面更积极一些。

　　张元济是务实的,但在更大的程度上是一个理想主义者,而陆费逵是有理想的,但在更大程度上是一个实用主义者。张元济"企图把他所办的企业作为他的理想试验场",[①]在教育观上也有如此体现。陆费逵却试图把自己的理想具体化在中华书局的实际操作中,实务永远是第一的。两个人在教育与出版相结合的侧重点上也有区别,理想主义者张元济认为,教育为立国之本,而人格教育则为普及教育之本,"德育为万事根本"。[②] 而同样主张教育为本的陆费逵则认为实利主义教育更为重要。

　　张元济不以文传,他甚至没有写过一篇像样的文章或其他体式的文字,以系统或简洁地表达自己的思想脉络,人们只能从

----

　　① 陈原:《张元济的理想与商务印书馆的现实》,《界外人语》,商务印书馆2000 年

　　② 张元济:《编辑大意》,《最新修身教科书》第一册,商务印书馆 1904 年

他的诗词信札以及日记中去体会和把握他的心灵和思维片断。而陆费逵却通过自己包括自述在内的写作,较为系统地表达了自己的出版理念与教育思想,在这一点上陆费逵倒与张元济在商务印书馆的后继者王云五略为相同。

但他们的根本永远都是一致的。张元济与陆费逵都是以教育开发民智,培育人才,进而振兴中国的"教育救国"思想的倡导者,又是以出版扶助教育的实践家,同时他们的事业又都是从编著出版学校教科书开始的。他们是中国教科书出版事业的奠基人。陆费逵晚生张元济 19 年,而早逝 18 年,天不假年,惜乎?

二、陆费逵与王云五

曹聚仁曾将陆费逵与王云五相提并论,称许为现代中国书业界两位杰出人才。曹据陆费逵的自述材料说,他们都是苦学自修出身,而卓然有以自立。他们是两个有着很大相似性,也有着很大的相异性的人物。

在相似性方面,从年龄上说,他们完全是同时代的人,陆费逵比王云五大两岁。也是从年龄的角度说,他们是 20 世纪中国新出版业出现后的第二代出版人当中的两个代表,尽管陆费逵与第一代投入出版的时间极为接近,是第二代出版人当中投身出版最早的人之一。他们更是中国近代出版的两个典型,既是自学成才的典型——因为他们都没有正规的学历,但都靠自己的勤奋而成为中国两家最大的出版机构的掌门人,也是出版经营的杰出者的典型。

和老一辈的出版家相比较,王云五自信能干、敢做敢为、富有野心,善于抓住一切机会,在经营管理方面的效率也是无庸置疑的。在这一点上王云五与陆费逵有着多多少少的相似,以至有人说陆费逵独断专行。他们两人都曾经历出版的最困难局面,陆费逵经历了中华书局1916年和1926年的两次危局,而一次次使书局起死复生,峰回路转;王云五在推行颇有争议的"科学管理法"时遇阻,复又遭遇"一二八"商务印书馆被日军炮火炸毁事件,他提出"为国难而牺牲,为文化而奋斗",激发了商务印书馆人的意志。在困难面前,两人表现出了高度的承受挫折的毅力和对事变的控制能力与重建能力,而这正是一个企业家的基本素质。只不过王云五的出版生涯更富有传奇性和戏剧性,往往誉之所至,谤亦随之。

陆费逵与王云五,中华书局与商务印书馆,既是竞争对手,又是同行同道,两个人、两个企业之间曾有许多彼此协同之举。

1935年夏间,陆费逵曾赴商务印书馆与王云五等商议组织音乐出版合作社,印刷教育部规定的小学音乐教科书,资本11万元,分作11份,商务印书馆为4,中华书局为3,世界书局、开明书店、大东书局三家多少不等。1937年6月,舒新城领胡愈之、徐伯昕等携援助邹韬奋电稿来访中华书局,拟以上海书业公会名义致苏州高等法院,陆费逵将电稿改定,并将书业公会常务委员及监察人王云五等人姓名加入。

战争爆发后,陆费逵与王云五的联系增多,为的是加强战时几家出版社的业务协调。1940年1月陆费逵赞成由王云五主政的商务印书馆将小学教科书由32开改为42开,内容一切不变,可节省32%的纸张运输成本,并决定与商务印书馆一致实行。4月陆费逵赴王云五宴,商定小学常识课本前四册的注音符号删去,学生字典价格中华书局改为七角,商务印书馆改为一元等。在逝世那年1月,陆费逵还与王云五一起电示上海,有关教科书可照现售价加三成,杂书亦照加。①

---

① 王震:《陆费逵年谱》(下),《出版史料》1992年第1期

1938 年 8 月,全国出版界要求撤销《修正抗战期间图书杂志审查标准》及《战时图书杂志原稿审查办法》,王云五、陆费逵都积极表态。

从相异性方面看,当王云五在出版界与教育界还不为人知时,陆费逵在中国出版界与教育界已有相当的影响。王云五 1921 年 33 岁进入商务印书馆时,尽管胡适对其评价很高,可他在沪上,甚至于更缩小一点在沪上的出版界,却还是名不见经传的人物,尽管他也有着一些其他并非不重要的经历。① 在后来两人更是两个不同的典型——王云五秉持的是将"文化与商务"结合的路数,而陆费逵可以说是"教育与出版"结合的典型。这两个不同典型的涵义,并不是说王云五不重视教育,也不是说陆费逵不重视商务。

开明书店创办人章锡琛(后为中华书局副总编辑)曾对王云五和陆费逵有过一次比较。他评述王云五放弃印刷是一个失策:"商务原是从印刷业扩展至出版业的,不但历来在出版界占有优势,在印刷界也声望最大。""商务、中华、世界所以能成为出版界的翘楚,唯一的基本条件是印数多的教科书,商务、中华更依靠印刷业的扩展。""王云五放弃了印刷业,中华不费力夺取了他们的地盘,眼看着中华在出版业衰落时期专向印刷方面发展,把公债和纸币的印刷包揽到手,获取大量利润。"②放弃印刷业,这是"一二八"商务馆厂被日军炮火炸毁后,商务印书馆不得已所作出的一种调整,自有王云五的理由,因为重建商务印书馆的印刷投入将很大,但中华书局倒是借机在印刷方面压过了商务印书馆。

陆费逵曾将自己和王云五作过一个比较。他不无自豪地

---

① 王建辉:《文化的商务》,商务印书馆 2000 年
② 章锡琛:《漫谈商务印书馆》,《中华文史资料库》第 16 册,第 505—506 页,中国文史出版社 1996 年

说,商务印书馆总经理王云五跟董事会搞不好,他却不同,与董事会相处得很好。① 确然,陆费逵较有亲和作风,王云五行事较为严厉,这样在内部管理上,商务印书馆偏向于严,中华书局偏向于和。商务印书馆制订了许多制度,王云五还推行科学管理法,据说王云五每日到馆必定大咳三声,声如洪钟,且一声比一声高,被称为"平升三级",他每日到馆,"只消咳嗽一回,能使300多位职员鸦雀无声"。中华书局在内部氛围上比较宽松一点,陆费逵有平实的亲和力,陆费逵本人在谈中华书局员工待遇时也说员工迟到早退"并不计时扣薪"。② 新任总编辑舒新城感受到中华书局工作氛围的宽和:"我常想,这样的事业环境,似乎不是现在一般社会所能有,而我在中华,曾亲切地享受了十几个月。"③舒曾有一段日记,记述了这种情形:"本公司原是在封建社会将开始崩溃时代产生的,最初之范围甚小,组织甚简,各种事务,多由总经理直接处理,各级人员亦多由其直接指挥,遂形成家庭性质之集团。所谓事权,并无严格的界限,大家习惯了,亦怡然相处,纵有事务处理或人员指挥之权限不清楚,彼此不甚介意,甚至于不问,二十余年来,大家为此种习惯所陶铸,无形中形成一种习惯法。凡与此习惯法相应者心理上自然有一种安顿,事务上亦不感棘手。现在干部人员之最大部分都过此习惯的生活,所以大家相处很好。"④

王云五又是怎样评说陆费逵的呢? 陆费逵去世时,同在香港的王云五有一篇《悼念陆费伯鸿》,对陆费逵的事业有这样的评说——

---

① 陆高谊访问录,1980年9月。转见吴中:《近代出版业的开拓者陆费逵》,俞筱尧、刘彦捷编:《陆费逵与中华书局》,中华书局2002年

② 钱炳寰:《中华书局大事纪要(1912—1954)》,第74页,中华书局2002年

③ 钱炳寰:《中华书局史事丛钞》,俞筱尧、刘彦捷编:《陆费逵与中华书局》,第330页,中华书局2002年

④ 卢润祥、梁建民整理:《舒新城日记》(选载一),《出版史料》1987年第2期

伯鸿先生的成功，除了少年时期的奋斗以外，他的深远的眼光也是一种要素。"王举了三个例子，一是料定清必亡而成立中华书局推行新教科书；二是"近五六年来，他料到我国法币政策必然推行，于是注重钞票的印刷，书局营业更能蒸蒸日上"；三是"先生在《新中华》创刊号上，复撰有《备战》一文，认为我国对外战事发生，必须长期作战，因而主张就军事、民食、交通三方面积极准备，其意见颇能与政府现在设施相暗合。

先生的优良性行在这里也得提出：一、强毅——他在中华书局草创时期，遭到不少困难，竟能坚持下去。二、前进——他遇事不甘后人，他独树一帜后，在营业上和商务竞争剧烈。商务本以教科书起家，其后出版范围渐广，伯鸿先生都不肯放过：商务印行《四部丛刊》，中华便辑印《四部备要》；商务编印《辞源》，中华就出版《辞海》……。三、专一——先生三十一年来，主持中华书局，一心一志，不他务他求。他外间应酬极少。从前外交部请他作官，也被婉谢。我国商场，同行如敌国，商务和中华，在某时期也不免此种现象；但经过剧烈的正当竞争后，彼此认识因之较深，渐转而为精诚的合作。在后几年间，我对于先生之诚恳态度的认识，也正如在以前对他所持的不疑态度，简直是一样的程度。①

作为最大的竞争对手，王氏所论，倒是一位知音。事情常常就是这样，最大的竞争对手往往就是最好的知音。对于知音的离去不免惆怅，所谓兔死而狐悲，正是这种意思。

① 　王云五：《悼念陆费伯鸿》（1941 年 8 月 10 日于香港），《出版史料》1992 年第 3 期

三、陆费逵与舒新城

　　若论中华书局史上最重要的两个人,自然应是陆费逵与舒新城(1893—1960)。陆费逵为中华书局奋斗 30 年,舒新城也有30 多年。正是他们两个人共同演奏了中国近代出版史上中华书局的一段华彩乐章。谈中华书局的时候,不能不涉及这个题目。陶菊隐在一篇回忆文章中说:"我们读者对于伯鸿、新城两先生的先后倡议,应表示深切的谢意。"①此话不止是就中华书局出版品《辞海》而言,也是可以扩大开来就整个中华书局而言的。

　　将舒新城与中华书局密切联在一起的是《辞海》。在某种意义说,舒后来以《辞海》而称名,尽管他在主持《辞海》之前已经是一个卓有成果的教育学者。而将他引入中华书局的人是长他 7 岁的陆费逵。1928 年,中华书局约请舒新城主持《辞海》编纂工作,1930 年舒正式应中华书局之聘,任编辑所长,兼图书馆馆长、函授学校校长,历任董事、常务董事、副董事长,解放前后一度为代总经理。从这简单的履历表上,可以看出舒新城在中华书局的主要业绩。舒有辞书家、教育家和出版家之称。

　　陆费逵与舒新城两人是 1921—1922 年间相识的。舒新城是湖南溆浦人,小陆费逵 7 岁。两人都是当时有名的教育家,都写过不少的关于教育学的文章,由于志同道合,彼此一见如故。鉴于舒在教育方面的成就,可能为中华书局有用之人,陆费逵曾多次邀舒进入中华书局主持教科书的编辑工作,这是中华书局起家的领域,得有贵人相助才能光大。但舒却无意做这样的事

---

　　①　陶菊隐:《风雨同舟话当年——忆舒新城先生》,《回忆中华书局》上,中华书局 1987 年

情。一来因为他乐于教学生活,二来他也不想陷于具体的事务。这和当年商务印书馆邀胡适进馆时胡适的心思大体相同,都想做自己想做的事,胡想做学问,做时代的导师;舒则热衷于教学,做一个教育家。但在二十年代中期,这位教育家却遇到了一点麻烦,教学似乎进行不下去了,这时陆费逵再邀其入局,但舒还未死心,他想私人办学,或做些编纂词典之类的事。陆费逵建议他编百科辞典。此后的几年,一个是拉舒的"贼心"不死,一个是犹作困兽之斗,这就是《中华百科辞典》的编辑时期,陆费逵放了长线应允做这部辞典的东家。舒领着一班人进行此项编纂,历时数年,1930年出版,这是后话。但这便成了他几年间不愿受邀入中华书局的一个藉口。如果说中国历史上有刘备三顾茅庐请诸葛的佳话,那么陆费逵请舒新城也堪称是近代出版史上的"三顾茅庐",也许还有过之,因为陆费逵请舒入局,老调重弹十几次,费尽心思才将这尊真神请来。

机遇终于来了。

早在1915年,陆费逵就着手《辞海》这部大辞书的编撰,初由徐元诰主编,但由于徐元诰心有旁骛,两次离去,十年下来,总是时作时辍。1925年舒新城往访陆费逵,陆费逵再次邀舒入局任职,但舒将自己办学的理想与计划详告以后,陆费逵未便相强。陆费逵将自己本人在出版界20年经验告之,希望舒首先编辑《中华百科辞典》,表示愿以中华书局图书馆藏书供其借阅,同时愿尽力代为出版,并允于必要时可购稿及预支版税。[①] 后来,陆费逵也在经济方面给予舒实际的帮助。1928年1月,陆费逵与舒订立合同,请舒以局外编辑名义主编《辞海》,在南京设中华书局辞典编辑部。陆费逵总是不失时机地表达请其入局的想法,舒大约也想改变一下教学生活状态,在陆费逵的多次坚请下同意来做编辑的工作。反正也是已经开始了编辑辞典的工

① 王震:《陆费逵年谱》(上),《出版史料》1991年第4期

作,一个是百科,一个是辞海,已经轻车熟路了。但他坚持先在南京做馆外主持,组成一个专班继续《辞海》的编纂,这套人马后又迁至杭州。成为历史关注点的是,舒接手后改变了《辞海》既往的编辑方针,删旧增新,并改加新式标点。这成为《辞海》编纂的一个转折点,从此便不间断地进行,直至完成。舒新城也就顺理成章地跨入了出版之门和书局之门。

1929 年接近年末的时候,可能是陆费逵将要给舒更重的任务了,两人往来商议将编辑部迁回上海,并入编辑所。陆费逵肯定是比以往更坚定,因为中华书局的编辑所长空缺得太久了,自前任所长戴克敦 1925 年去世,陆费逵本人一直兼任着这个职务,对于经营大受影响,他太需要有一个人把编辑所的事务接过去了。而舒论资历论水平论声望,早已是他心目中的不二人选。所谓"精诚所至,金石为开",11 月 10 日,陆费逵终于代表中华书局与舒签订了舒就任中华书局编辑所长的契约。1930 年初舒上任编辑所长职,《辞海》编辑工作也就融入新成立的辞典编辑部,舒兼任该部部长,一年后由于所长之职太重,部长一职转由他人担任。编辑所长这个职务约相当于总编辑,对于中国第二大出版机构来说,这个编辑所长可不是好当的。舒从此一心投入出版,中华书局和出版事业成为他谋生的职业场,成为他安心的精神家园。《辞海》成了他毕生的事业。舒后来在《我与教育》一文中说这次转折是因为友谊而放弃理想,是"理想的幻灭"。中华书局却因为了舒的放弃理想才使《辞海》编纂得以为继,得以最终完成。为了友谊之说,正是舒新城与陆费逵关系的写照。

陆费逵也确实算是舒新城的知己。除了将舒引入中华书局,还自始至终地信任他,倚为股肱。就薪水面言,陆任总经理的月薪金 220 元,舒任编辑所长为 300 元(此数目与商务印书馆编译所长相当)。在大部分时间里两人的合作是成功的,是现代民营企业内部高层间合作的典范。

1929 年深秋陆费逵赴日本考察,同行者有刚入书局不久的舒新城。中华书局两位主要人物同时赴日考察,对于公司日后的发展产生的影响可想而知。

1934 年,作为图书馆长的舒新城还应陆费逵的要求,以自己历年所珍藏的各种期刊、杂志及教育学方面书籍作价转让给书局,以充实馆藏,而其中以教科书最为齐全,是中华书局业务人员最重要的参考资料。①

1936 年初夏间,陆费逵因接舒新城电话不慎摔伤,因为伤痛不便理事,决定有关公司之事由舒新城与路锡三商决。

1936 年,舒日记:"下午想到鲁迅死后,其遗孀生活全恃版税,而各书店之版税又常常拖欠,于彼等之生活善意的相助,拟为之出全集。电询伯鸿,得其同意,乃托哲生于明日访周建人(鲁迅之弟),以私人资格接洽之。"②

1936 年 10 月 8 日,陆费逵致函舒新城,谓出之书,过于专门,以后非普通书不出,且谓年来交下书目均无下文,颇为不快。舒给陆费逵电话,告以不能进行之原因,此后当尽力照办。③

1937 年战争爆发,11 月间陆费逵不得不去香港照料一切,包括新购大机器扩新建房屋,在上海的事宜,行政方面交由舒负责。并由总务部通告各地分局:伯鸿即去港,上海由新城代拆代行,向由伯鸿核办之事,由舒代决,特殊事项过去须函请伯鸿处理者,亦寄沪由舒代拆代行。

似乎要探讨一下这两人合作愉快的原因。

其一,经营之共识。陆费逵在几十年的出版经营中,对于商务(营业)与文化,教育与出版是有一套很成熟的理念的。在商务(营业)中坚守文化,在文化中维持商务(营业)。舒新城也颇

① 王余光、吴永贵、阮阳:《中国新图书出版业的文化贡献》,第 38 页,武汉大学出版社 1997 年;并参《舒新城日记》(选载),分载《出版史料》1987—1988 年
② 卢润祥、梁建民整理:《舒新城日记》(选载四),《出版史料》1988 年第 1 期
③ 王震:《陆费逵年谱》(下),《出版史料》1992 年第 1 期

能体会陆费逵的这一经营方针。1931 年向达向舒新城推荐冯承钧著《西域地名》，未被接受，向达又去函问："冯君地名表实属经意之作，读中外史籍有此书置之座右，可以豁然贯通，谓为与陈垣之《中西回史日历》有异曲同工之妙亦不为过，沧海遗珠，不免可惜耳。"舒在这段话旁边划了竖杠，并批道："请再审核。"①此书最后未能出版，但也足见舒的负责。出版者考虑问题与纯粹学者作家当有不同，后者考虑的是学术文化，故那时著作界与写作界在报刊上对于出版者的诸如"出版者放弃责任，只利是图"之类的批评是很多的。② 但出版者往往要在赚钱或者说能够保证商业经营上的稳定性的前提下来考虑文化与学术，力求文化追求与商业追求的平衡。在这一点上，舒新城与陆费逵认识是一致的。1932 年舒新城应《图书评论》的约稿，写了一篇介绍中华书局编辑所的文章，其中一段文字具体阐明了中华书局编辑图书的一般原则："中华书局在形式上与性质上，虽然是一个私人企业机关，但对于国家的教育和文化，同时也想顾到。因为要谋公司的生存，不能不注意于营业同时觉得对于蚀本的东西，又非营业所宜。在这'左右为难'的境况中，我们只好两面都打折扣。这就是说：凡属于营业有重大利益，而与教育或文化有妨碍者，我们弃而不作；反之，某事与教育或文化有重大关系，而公司要受重大损失者，也只得弃之。换句话说，我们只求于营业中，发展教育及文化，于发展教育文化中，维持营业。"③这是他与陆费逵的共识，这种共识也是他们共同经营中华书局的理念的基石。

其二，相互之尊重。绝大多数情况下，舒新城与陆费逵两人

---

① 中华书局编辑部：《中华书局收藏现代名人书信手迹》，第 104 页，中华书局1992 年

② 如胡适、宗白华、霆声的文章，参见路英勇：《认同与互动——五四新文学出版研究》，第 183 页，安徽文艺出版社 2004 年

③ 舒新城：《中华书局编辑所》，《图书评论》第 1 卷第 1 期，1932 年

是合作愉快的。舒新城本人对于陆费逵也很尊重。有人主张"须将营业结至与商务略相等",舒新城说:"此除一般的面子外,似尚有自表功绩之潜意识。照此情形,其作人之态度与伯鸿及我立于反对地位。果照之办理,则乱哄一阵,对外对内(股东与同人)确立将无办法。"①这里表明舒将自己与陆费逵引为同调。1936 年中,舒与陆费逵"谈及近来个人修养,我谓从客观讲,我修身服务中华书局,于公司、于个人、于社会均非福,若能于此五年完毕后即从事著作,于各方面之益处均大。彼谓我近来治事能深入社会,修己能超脱社会,实是进步。此两语我平日未留意,可作自励也"。②从舒新城 1936 年的日记来看,编辑出版方面主要事情,几无一不与陆费逵商议,并对陆费逵的主张与举措多表赞同,不赞同者也有商有量,"当于伯鸿商究一妥当之办法也"。舒对于陆费逵的处事历练是很钦佩的,"其经验高我一筹。当即照办","其见解实高人一筹",③"此事他所见甚是","关于大学丛书彼主张不大作,甚是",④"初不注意,今则感此为必要"之类的话所在良多。当然也有意见不一的情形:"乃便将昨日夜我对于酌情之种种想法告之,彼谓初无成见,不过临时想到顺便谈及耳。既有困难,取消可也。"⑤而舒能直言,陆费逵也能接受。陆费逵对舒也是支持有加,能交给舒自定的事就交由舒定,如中华书局在 1936 年间的招考职员,舒多次提出最好的办法是由陆费逵主持并裁定,但陆费逵"谓之不必送去,即可发表"决定。两人之间的相互尊重还体现在坦诚上面。1939年舒新城又一届任期将满时,陆费逵再次留舒担任编辑所长,多次表达得很强硬,完全没有相商的余地:"我未返沪前,你不能

① 赵春祥整理:《舒新城日记》(选载二),《出版史料》1987 年第 3 期
② 卢润祥、梁建民整理:《舒新城日记》(选载四),《出版史料》1988 年第 1 期
③ 卢润祥、梁建民整理:《舒新城日记》(选载四),《出版史料》1988 年第 1 期
④ 卢润祥、梁建民整理:《舒新城日记》(选载一),《出版史料》1987 年第 2 期
⑤ 赵春祥整理:《舒新城日记》(选载二),《出版史料》1987 年第 3 期

辞职他去,须迟三年后方可考虑。"①舒函陆费逵同意再续约三年:"现在决定暂遂公命再续约三年,即请以公司代表之资格来函声明:民国二十四年一月一日之契约展长三年,即自廿九年一月一日起至卅一年十二月卅一日止。弟于得函后当复一函,以完法律手续。""弟之不欲续约……最简单说,只是'自觉'两字耳。所谓自觉,第一个觉个性不相宜于行政事务,第二觉习惯不相宜,第三觉生活不相宜。"舒新城接下来又说了一段总结性的话:"蒙公订交已廿年,再过三年,弟已行年五十。五十以前之时日当尽力献身公司,以答公之厚遇。五十以后,当谋心之所安也。"②1941 年 4 月陆费逵对舒说,在中华书局没有适当继任人,不能轻去,亦不许去。

其三,风格之互补。舒办事谨慎稳重,跟陆费逵果断决行的作风形成互补,两人的配合相得益彰,为中华书局三十年代的鼎盛,两人费尽心血。有了舒新城的辅佐,中华书局才有了三十年代的蒸蒸日上。表现在资本总额的扩充,几部大书的出全出齐,均有赖于舒的擘画与经营。作为编辑所长,大至出版方针,小至选题策划,作者的人选,乃至于同业竞争的策略应付,工潮的平息解决等,舒都视为分内之事,与陆费逵共同面对,这些方面的内容他日记里都有记载。有一则比较能说明两人互补性很强的事例:1929 年深秋,陆费逵当面请舒摄一本西湖风景集,在"美与真的方面,二人意见不一,结果,舒按照陆费逵的意见摄一册《真的西湖》,再按照自己的意见摄一册《美的西湖》。而最后,陆将此两册合为《西湖百景》。在文章上陆舒二人互相引为同调,也能和而不同,说明两人善于互补。舒新城也能看到陆费逵的一些弱点。陆费逵事必躬亲,有利也有弊,有时不免被动。1935 年初,陆费逵在厂对人说:"春季教科书我局与商务同时进

①　王震:《陆费逵年谱》(下),《出版史料》1992 年第 1 期
②　钱炳寰:《中华书局大事纪要(1912—1954)》,第 174 页,中华书局 2002 年

行,彼已全部印出,于1日登报,我至今犹未应市,应速赶上。"舒就此议论说:"可见他事先并无计划也。一切事均赖伯鸿一人,而彼又无秘书,遂常常顾此失彼。"①也有人因之指责陆费逵有家长作风,独断独行。②

其四,学术之切磋。能够将两人维系在一起的,除了出版业务之外,还有事业之关心,学术之切磋,这是很重要的一个方面。舒也是一个自学成功的人,曾以他人的名字顶替考入湖南高等师范学校。人们说他是教育家,除了他有过教学的十年经历外,主要是就他在教育理论方面的深厚造诣而言的。舒在进入中华书局前,先后在多所高校任教达10年之久,对中国教育问题多所思考,在改进教育制度方面作了深入研究,发表了不少著作。对于教育的关注是舒毕生的事业,他有教育方面的著作数十种,代表著作《近代中国留学史》、《中国近代教育史料》(四册)。而教育也是陆费逵最关注的事情。1925年与舒论教科书史的信函,在各种出版史料集中为人们广泛引用。1931年为舒新城《中国教育建设方针》作序,是陆费逵论述教育最长的文字。1932年陆费逵撰时事漫谈三篇,舒由此而决定在《新中华》上开此专栏,由陆费逵每期撰文一篇。陆费逵1941年1月在致同人的信中专论喜欢舒新城《我与教育》一书的文字,且谓:"《教师生活》章牵及人事问题不必印行。"③以下的一例也能说明两人在学术上的关联:1930年陆费逵发明《四笔计数检字法》,经舒新城修改,刊广告时注明"陆费逵发明,舒新城主编"。

陆费逵病故时推荐的总经理不是舒新城,而是董事李叔明。分析其原因,第一个考虑大约是李在金融界商界有相当背景。战后李便兼任中国农民银行行长。第二个考虑,舒更适合作总

① 王震:《陆费逵年谱》(下),《出版史料》1992年第1期
② 王震:《陆费逵年谱》(下),《出版史料》1992年第1期
③ 王震:《陆费逵年谱》(下),《出版史料》1992年第1期

编辑。对于一个出版社来说，它经营的好坏，总编辑也是很重要的，编辑方针往往是由总编辑来制订的。第三个考虑，是舒新城总以中华书局责任重大，向有退让的素习，舒进入中华书局已是陆费逵费尽周折才如愿，在后来舒新城也总是有不定因素，于每次聘期届满时，总是要提出退出的请求。1935 年，舒新城编辑所长五年之聘期满后，陆费逵坚决要求舒续签。1937 年，中华书局的业务由于因"八一三"事变而大受影响，要在组织机构上作大的调整，陆费逵提出让舒出任出版经理，舒表示不大愿意干；陆费逵又考虑在总经理之下设秘书、稽核两处，由舒任秘书长，还提出请舒任协理或经理兼总办事处长，舒均以责任重大未应允。大概舒对于经营方面总感责任重大，自己作为知识分子终有所短。陆费逵对于舒个人还是很器重的，他在遗嘱上写明：万一本人不幸，将公司职务与个人股权委托舒执行，助理令其子女听从舒之命令。①

　　陆费逵下世五周年时，舒新城撰写过一篇《陆费伯鸿先生生平略述》，称陆费逵"先生立身勤俭、处事爽直、待人和易、执业进取之美德与其对于文化教育之及国事之贡献，固彰彰在人耳目，足资矜式"。②

　　在商务印书馆的发展史上，似乎还没有两位主要的负责人有过这样的经历。高梦旦之与张元济也是肝胆相照莫逆于心的志同道合者，但是他们在行政职务上不是同一层级的，所负责任自不相同，他们之间也很少有学术研究上的切磋，整个商务印书馆高层似乎也很少学术间的交流。中华书局则不同，陆费逵与舒新城达到了相悦以解，知性的乐趣，自始至终维系着两人之间的学术情谊，"切磋以究其实，琢磨而致之精"。加上舒新城大

----

　　① 　王震：《舒新城传略》，《中国现代社会科学家传略》第 7 辑，第 387 页，山西人民出版社 1985 年

　　② 　《舒新城教育论著选》下册，第 876 页，人民教育出版社 2004 年

抵算得上是个谦冲自牧的人物,陆费逵虽然果断独行,两人间却能和谐共处相安无事。对于陆费逵来说,舒新城是不可或缺的。舒新城曾说自己是一个不会适应环境的人,是一个直爽倔强的人,但中华书局的各方面都容忍我这样一个人。[①] 对于中华书局来说,陆费逵与舒新城的组合也是不可缺少的。陆费逵与舒新城在中华书局的结缘,在于两人对于中国教育事业的志趣相投,以出版为教育服务是他们共同的出版理念。舒新城有云:"我们只求于营业之中,发展教育与文化,于发展教育文化之中,维持营业。"亦即"发展教育文化与维持公司生存兼顾的方针。"[②]而他们两人的"将相和"式的黄金组合,如舒新城本人说:"无论怎样,我与中华书局的友谊,将与我和陆费伯鸿先生的友谊一样要永久保持着,我们将成为永久的朋友。"这种黄金组合,对于近代中国的出版业则建树了一种标高,并启示于后世。

教育与出版——陆费逵研究

① 陈寅等:《中华书局一份子谈》,《中华书局图书月刊》创刊号,1931 年 8 月
② 《狂顾录》,吴铁声:《解放前中华书局琐记》,《回忆中华书局》上,第 78 页,中华书局 1987 年

结　语

一、斯人逝去

1941 年 7 月 9 日,陆费逵因患急性心脏病及脑溢血在香港寓所病故,终年 56 岁。此前,陆费逵曾赴重庆出席第二届国民参政会,回港不久。他去世几个月后,太平洋战争爆发。

他的子女回忆当时情形:"7 月 7 日中午,父亲自己下楼接见客人,他全身疼痛出大汗,枕头和身下面的床单也汗湿了。父亲叫我给他捶背捶腿时对我说,刚来的客人给他抽过一支小雪茄烟。7 月 8 日,父亲自我感觉不好,半夜整理中华书局的账册,给母亲留下了遗言。9 日晨,父亲从浴室出来,猝然摔倒,从此长眠不醒。死亡诊断为'心脏病',可是父亲始终没有去医院检查过病情,也没有请有名望的医生看病。"①

舒新城曾说,陆费逵天资过人,体魄亦不弱,而遇事能决,决而能行,只以近 30 余年来,负责太重,日日在理智中过生活,10年前尚有竹林戏为生活之调剂,10 年来,病魔缠绕而责任尤重,及至竹林戏亦完全断绝,一日 20 小时中,几乎全在事业打算上

---

① 　陆费铭琇:《我国近代教育和出版业的开拓者》,《编辑学刊》1993 年第 1 期

生活,于是精神苦而身体亦亏矣。① 舒新城所说的陆费逵此等情状,正应了一句老话,积劳成疾。

对于陆费逵的病逝,社会各界都表达了哀悼。周恩来、董必武代表中国共产党致唁电。叶圣陶代开明书店作挽联云:"识势是英雄,伟业创于开国岁;擘划推祭酒,书林不尽忆公时。"8月10日,香港各界在孔圣堂召开追悼会,参加者达1000余人,由商务印书馆总经理王云五报告陆费逵生平。国民政府于11月间明令褒扬:"国民参政员陆费逵,早年倾心革命,卓然有所建树。其后从事出版事业,创立书局,编印文史,精勤擘划,对于文化界贡献殊多。近复设厂制造国防工业、教育器材,适应时代需求,裨益抗建,良非浅鲜。自被选任为参政员,远道参列,献替尤殷。兹闻固病溘逝,殊深悼惜别!应予明令褒扬,用资矜式。此令。中华民国三十年十一月二十二日。"这算是当时政府的盖棺论定。

早在中华书局成立二十五周年的时候,中华书局同人曾集资建碑纪念陆费逵担任总经理二十五周年,用一人多高的铜牌镌刻,镶嵌在新厂办公楼入口处墙上,文曰:"中华书局创业、总经理陆费伯鸿先生任职二十五周年纪念辞:中华书局成立于民国元年元旦,迄今二十五年,上海澳门路新厂同时建成,美轮美奂,气象一新。回溯二十五年中,营业屡经挫折,支持艰巨,危而复安,始终独当其冲者,陆费伯鸿先生也。先生创办中华书局被任为总经理,迄今亦二十五年,自奉薄,责己厚,知人明,任事专,智察千里而外,虑用百年之远。有大疑难,当机立断,方针既定,萃全力以赴之,必贯彻而后已。今年夏,先生因办公趋听电话,蹈地折左臂,卧床二月余,仍力疾指挥不少懈,其精力果有如此者。同人等服务书局有年,书局之进展,先生之劳苦,目睹耳闻,

① 王震:《陆费逵传略》,《中国现代社会科学家传略》第4辑,山西人民出版社1983年

教育与出版——陆费逵研究

皆所甚审。因于庆祝二十五周年之际，擒辞而镌之碑，留为纪念，便览观焉。中华民国二十五年双十节，中华书局总公司、各分公司同人谨识。唐驼书。"①陆费逵去世前五年的这份纪念辞算是民间的一种认定。

没有了陆费逵这个驭手，中华书局之船还将在苍茫之海前行。

董事会根据继任总经理李叔明的提议，议决了对陆费逵的酬恤及纪念办法如后："前总经理陆费伯鸿手创本公司，任总经理达三十年，屡历艰辛，支撑危局，公司得有今日，其一生精力可谓尽瘁于是。兹以积劳病逝，深为哀悼，眷念前勋，应有酬恤。兹议定办法：（一）总经理之待遇继续至本年年底止。自明年起，对其遗属供给住宅及生活费，以十年为期。在期限内，如住港月支生活费港币四百元，如住沪时，视当时币制情形另议。（二）其子女教育费概由公司担任至国内外大学研究院为止。其费用之付给，国内以寄宿学校、国外以官费为标准。（三）为纪念伯鸿先生起见：（1）每年由公司开支项下拨国币五千元为奖金；（2）就现有图书馆加以扩充，改名'伯鸿图书馆'。关于奖学金及图书馆之办法，由总经理拟订之。"②

居港三年多时间，可以视为陆费逵的晚年时期。晚年居港，困绕陆费逵的有四个问题，一是战争的艰难问题，中日战争正式开战已经四五个年头了，国家民族的前途何在；二是中华书局的出路问题，包括营业如何发展，总经理何人继任；三是工潮问题，在沪港两地工人虽有战争仍需生活，有待遇的诉求，如何应对；四是自己的健康于困顿之中积劳于无形。1938 年 1 月，陆费逵曾致沪店干部同人一封公开信，详述所处困境："我觉去年下半

---

① 钱炳寰：《中华书局大事纪要（1912—1954）》，第 150—151 页，中华书局 2002 年

② 钱炳寰：《中华书局大事纪要（1912—1954）》，第 181 页，中华书局 2002 年

年之苦心维持,及此次办法之兼筹并顾,在我费尽心思,竭尽绵意矣。而同人仍不见谅,病躯更觉难支。目前在最困难之时,我仍当鼓勇奋斗,不怯不馁,事定之后,只好敬谢不敏,觅一休息之路,以减痛苦而葆天年。"10 月 21 日给沈颐的一封信:"总期无办法之中求一线生机,即使万一不能支撑,亦必最后一家关门。……吾辈入世过早,在社会服务三四十年,亦可对社会告无罪,……弟处此环境,欲罢不能,好在慢性病,一时无性命之忧,不过万一不能做事,继任人选却不可得。"①从这几封信中,可以看出这位年过半百的智者在人生最后三年多里的心境与犹作困兽斗的悲楚。

二、业绩长存

每个时代都有这样一批知识分子,他们深切地感受到自己所面临的困境与问题,总觉得这些问题与困境需要他予以关注、思考和应对,不这样做他就会觉得于心不安。陆费逵是一个这样的人。他的职业是出版,他的思考是教育和社会,可以说他的一生都在紧迫追赶着时代。陆费逵从 1912 年创办中华书局起,担任局长、总经理整整 30 年,1926 至 1929 年还兼任编辑所所长。但出版只是他实现理想的一个平台。他需要这样一个平台来施展他的抱负。他本来可以是一个旧式知识分子,但他不愿如此,他成为了转型时代的知识人物。更准确地说,清末民初易代之际,陆费逵是与时俱进的一代创业者。

自学成才而卓然自立。陆费逵曾说过他"自己一生只付过

① 王震:《陆费逵年谱》(下),《出版史料》1992 年第 1 期

12 元学费"。① 曾自述其青年时代的自修,说他儿童时代,读书七年,其中母教五年,父教一年,师教一年。他的母亲教他阅纲鉴,习珠算,讲故事,进步得很快。13 岁时,略阅《时务报》及新书,颇受新法影响,便要求不再照旧式读书。母亲就让他自修,他自己定课程,每日读古文、看新书各两小时,史地各一小时,并做笔记,读日报先看《字林西报》及《申报》,后来看《中外日报》。他看报无论论说、新闻、广告,都一字不放过。有不解者,即查字典及类书,查不着即记入小册,问父母及亲友。陆费逵自言道,他从小没有作文造句,母亲主张多读多看,后来随便作文,被四川名士朱虹文见到后说:"你很有意思,文章也不错,不过不甚简练。你如高兴作文,我可以给你改。"于是他动笔写文章,其中有一篇《伯夷论》,内说:"伯夷并非反对革命,而仅反对武王'以暴易暴'。武王之暴,何以不见史籍,则以周代有天下八百年,无人敢记载之故。"旧时作文,以循规蹈矩中合程序为主,此篇翻历史之案,一语惊人,他的师友争相传阅,认为这孩子前途无限。② 到了主持中华书局,陆费逵"职务甚忙,不克努力自修,但每日总读书一二小时。遇编辑上有问题时,多与同人共同讨论,或检阅有关之书。现虽年逾半百,患肠病及心脏病,然不求甚解之书,固仍未间断"。③ 他多次强调自己的这种读书精神,多次将这种经历写出刊发在中华书局的《中华月报》以及《进德季刊》这些刊物上,以此告诫中华书局的同人。这种读书的勤奋,对于一位成功人士是难能可贵的,在业界竞争持久力的

① 李湘波:《出版印刷事业的开拓者陆费伯鸿先生》,俞筱尧、刘彦捷编:《陆费逵与中华书局》,中华书局 2002 年
② 曹聚仁:《陆费伯鸿〈伯夷论〉》,《天一阁人物谭》,上海人民出版社 2000 年;并见陆费逵:《我青年时代的自修》,《陆费伯鸿先生年谱》,台湾中华书局 1977 年
③ 陆费逵:《我青年时代的自修》,《陆费伯鸿先生年谱》,台湾中华书局 1977 年

源头上增强了自己的学养。终身学习是这位出版人与时俱进的一个内在动力。

　　他是一个实践精神很强的出版家,具有创业者的胆识和魄力,雄心与才干。他在少年时期就"不肯以第二等人自居"。早年参加辛亥革命时期的重要团体日知会,重要文牍都亲自起草。在商务印书馆的时候,他结婚不声张,婚后第二天即照常上班。商务印书馆的旧臣蒋维乔对此感叹说:"于此小节,可见陆氏为人之奇突,其能创造中华书局,非无因也!"陆费逵从事出版后,在出版界有"见事明,处事敏"之称。给人的印象是"精明强干,秉性刚强,大权独揽,办事有决断,有魄力"。"用人信任不疑",下面的重要职员都由他亲自选任,"下级有了错误,他也勇于承担责任"。"他长期担任上海书业公会主席、监察,在同业中有一定威望"。① 他是一位求实精神很强的人,在中华书局他参与或主持的大型工具书,几乎没挂过主编的名。曾经参与《辞海》编辑出版的人当中,就有人说"伯鸿先生乃《辞海》之真正主编者也"。② 但他并没有在《辞海》上署过名。陆费逵一生事业全在出版业,对于出版业各环节,如编辑、印刷、发行等都能窥其堂奥,舒新城赞其在书业界堪称全能。③ 在经历实践的磨砺后,能做到胆识与审慎的结合更为难得。1929 年,陆费逵在给同事的信中说:"十八年来,公司之外患内乱,时局之外患内乱,总算尝饱了,'大头'额角高,总算没有跌倒。现在同业的压力减少一点,本身的生存力增多一点。我想我们审慎从事,不必因为时局乐观而猛晋,亦不必因为悲观而停顿,仍旧审慎其所审慎罢。"

---

　　① 吴铁声:《我所知道的中华人》,《回忆中华书局》上,第 25 页,中华书局 1987 年

　　② 赵俊:《怀念雄才大略的出版家陆费逵先生》,俞筱尧、刘彦捷编:《陆费逵与中华书局》,中华书局 2002 年

　　③ 舒新城:《陆费伯鸿先生生平述略》,《陆费伯鸿先生年谱》,台湾中华书局 1977 年

形势让这位 1912 年的创业青年终于有了一种处事的"审慎"态度,所谓"审慎"即是一种审时度势的经营策略。"大头"是他根据自己的头大特征的自称,书局中人也常这样称呼他。能做到胆识与审慎的结合,这可能是他创业成功的主要原因。

他是一个有文化和文化精神的商人,又是从事商业而有商业精神的文人,亦儒亦商是他的出版企业家的品质。这是近代时势造成的,近代以来确有一批这样的"言商仍向儒"的实业家。作为商人,他具有两条人所难及的优长。

其一,他是有敏锐判断力的商人,善于识人、识形势,从而善于捕捉商机,尤其是他对于时局有较好的把握力,这是他的过人之处,也是现代编辑出版家可以学习的地方。识势方面,他说过:"观察力为吾人做事最要之条件。"他在辛亥前夕对于形势的准确预料,创建中华书局推出新教科书,是世所周知了。另如自三十年代初他即认定第二次世界大战势所难免,需要停办一切不急之务,集中全国财力人力"快快备战"。① 抗战爆发前夕,在日益紧张的时局下,中华书局于 1936、1937 年分上下册抢出《辞海》。主编者沈颐曾主张在《辞海》每条单词和复词下都加注词性,但这一工作量不简单,因陆费逵为抢时间坚决反对而作罢,陆费逵的指导思想是抢在战争到来之前出版这部大书。他一面督促定稿,一面登报发售预约。如果不是陆费逵的这一决断,再晚一两年,在旧中国《辞海》就不可能出版了。教科书和《辞海》都是极有说服力的事例。识人方面,如对中华书局重要员工张相的评论:"献公是君子,是儒者,不过欠魄力耳。……×气量狭……不能视献之雍容宽大也。前后同事多人,我认为友者已不多,而献之则是我师也。其学问道德,我佩服之至。"②

① 陆费逵:《备战》,《新中华》创刊号,1933 年月 1 月
② 吴铁声:《我所知道的中华人》,《回忆中华书局》上,第 28 页,中华书局 1987 年

他物色人选,必事先亲自接谈,招考人员,也要亲临面试,谈吐举止,都在考察之中。由于他的识人善任,中华书局网罗了一大批优秀人才。对于陆费逵的善于选择人才,舒新城等是很服气的。如舒新城在日记中就中华书局招考人员的情况有过记载:"拟定广告时,伯鸿于后批语:'编辑所以用缮校及学习员为宜,练习生程度低,编辑用之,在我不相宜,在人反误终生。'确系至言,但前时大家都说不出来。过去编辑低级职员与其它各所不分,文理不通之少年至编辑所为学生,终身无出路。"又说:"这次录取标准,第一为对人对事之态度,以忠实为主(不知以为知者,是作人治事之大忌);第二是中文精通;第三是常识丰富;第四是服务经验;第五是专门知识。专门知识列于最末者,以此次需要之人,不需多专门知识也。"①

其二,他有百折不挠的创业精神,有亲力亲为的实干精神。如曾在中华书局工作过的陈伯吹说:"中华书局在人力、财力等各个方面,初期都远不如商务印书馆,但是创办人陆费逵的知难而进、克服困难的这股创业精神,在任何时候,对任何人来说,都是一种经验教训,一座工作的座右铭。"②对于重大项目,他总能抓住不放,像《辞海》本有编辑所长和总编辑直接抓,但他对重大决策都拿在手里,对重要稿件都亲自审阅。舒新城日记就有记载,《辞海》有关条目,"遂决定由子敦看初校样一次,并嘱打二份分送伯鸿与我"。③ 作为决策者他听得进意见,这是企业发展很重要的一条。如三十年代初期,中日民族矛盾激化,陆费逵想用《中国和中国人》为名称,办一个杂志。编辑周宪文提出中华书局以前出版过《大中华》杂志,新杂志不妨用《新中华》,既包含了同样的意思,也照应了以前的刊名。陆费逵接受了这个

①　钱炳寰:《中华书局大事纪要(1912—1954)》,第 144 页,中华书局 2002 年
②　陈伯吹:《我和中华书局》,《回忆中华书局》上,第 116 页,中华书局 1987 年
③　钱炳寰:《中华书局大事纪要(1912—1954)》,第 143 页,中华书局 2002 年

建议。《辞海》编纂了很长时间后由舒新城接手,舒提出重新定位另起炉灶,陆费逵爽快接受,所以有人说,如果陆费逵担心旧稿报废不接受,《辞海》出版就可能变成不成功的跟风。①

正因为陆费逵具有这样两个优长,使他成为时代商机的驭手。在他身上"既体现了读书人匡时济世的抱负情怀,也不乏有生意人持筹握算的精明能干",②既有文化追求,又不失商业旨趣,凸显出近代出版人自觉参与文化创造与实现文化性追求的一种境界。

陆费逵以出版办教育,以教育促出版,将教育与出版捆绑在一起,是近代以教育救国,以出版强国的一个典型。教育与出版,是知识分子的传统道路,这两条渠道在传统知识分子的活动中只是辅助性的,而在现代知识分子实现其理想的人文活动中则成了主要的渠道。到了现代,这两条渠道合流,是一个很显然的特点。从 20 世纪开始,许多知识分子都是集学问、教育、出版于一身,在三方面同时为现代文化做出贡献。③ 而以出版界为职业的一批知识分子,更是以教育与出版结合的方式来履行知识分子的文化使命,并将这种践行提升到一个相当的水平。1902 年张元济投身商务印书馆时就与夏瑞芳有约:"吾辈当以扶助教育为己任。"以教育与出版的结合点作为他从事出版的切入点,从而成就了其作为近代出版业一个富有典型意义的出版家。出版作为近代最主要的大众传媒形式之一,它的主要功能就是教育。美国学者韦尔伯·施拉姆将它列为大众传媒,昭示其对于社会发展具有最重要的作用。特别是在社会变革时期,大众传媒的教育功能,往往被突出到一个主导位置。在中国近代社会,出版的这一功能被充分显现出来,成为近代觉醒的中

① 汪家熔:《近代出版人的文化追求》,第 234 页,广西教育出版社 2003 年
② 吴永贵:《陆费逵与中华书局对中国文化的贡献》,俞筱尧、刘彦捷编:《陆费逵与中华书局》,第 172 页,中华书局 2002 年
③ 陈思和:《现代出版与知识分子的人文精神》,《复旦学报》1993 年第 3 期

国人进行思想启蒙、去塞求通、教育国民的最有力的工具。[①] 陆费逵对于教育问题有着一份不可更易的执著,对于教育市场有着准确的把握,了解和熟悉各级学校的课程设置及教学情况,关注国家教育政策的变化与教育改革的动向。因此由他这样的出版家来实现出版与教育的结合,正可谓得其人哉,得其所哉。陆费逵的以出版办教育,以教育促出版的思想实践产生了多方面的影响,而将教育与出版连在一起,对于教育和出版的推动是有形的。1931 年《世纪杂志增刊十年》内乐嗣炳所撰《十年的国语运动》一文有一段这样的话:"以国语运动为发财事业的书店方面的努力,其功也不可埋没。中华书局经理陆费逵当国语运动发生之初,早知国语教育势必实现,所以参加国音推行会,创办国语专修学校,制造国音留声机片,出版大宗国语用书,赶造国语教科书,不遗余力。商务印书馆表面上稍舟落后,而追踪的结果,成绩至少不下于中华书局。1925 年世界书局发行国语教科书,意外卷起了一个推销国语用书底大波澜。当时三个书局互相竞争,只求把国语书推销出去,蚀本奉送不算,有时奉送了还有倒贴。结果三家书局因此亏耗百余万元,而促进国语教育底的力量,事实上比无论那项国语运动都浩大。"叶圣陶说,"就广义说,出版工作也是教育工作"。[②] 经过陆费逵等前辈的不懈努力,将出版与教育结合的思想成为一种共识,三十年代上半,浙江流通图书馆创办了一份《中国出版月刊》杂志,出版者的追求就是"谋教育界与出版界之联络"。[③] 由此开通的教育与出版相结合的路,时到今天仍然是出版的一条主路线。

① [美]韦尔伯·施拉姆:《大众传播媒介与社会发展》,华夏出版社 1990 年;并参曾宪明、黄月琴:《论近代报刊与中国现代化意识的交互关系》,《湖北大学学报》2002 年第 2 期

② 《叶圣陶画传》,第 89 页,人民教育出版社 2004 年

③ 李频:《中国出版月刊:开拓期刊理论的先锋》,《中国近现代期刊史札记》,《大众期刊运作》,中国大百科出版社 2003 年

　　陆费逵在政治上,早年参加革命是一个民主主义者。辛亥革命前些年他在武昌参加重要革命团体日知会,这一段经历对他以后的政治倾向和创办中华书局都很有影响。在他筹备中华书局的时候,他还帮助一位学生参加了黄花岗起义,起义失败后将他藏在家中。面对日本侵略,他是一个爱国主义者。他较早认识到日本的侵略性,也能对战争作出正确的判断,早在1932年春上他就对舒新城说,东北在日本卵翼之下,成立"满洲国",将有几年大乱,以后出版方针非重新安排不可。[①] 他在1933年初的《新中华》创刊号上发表的《备战》一文是有影响的,得到军界和政界人士的广泛注意。此文分析了国际形势,认为太平洋风云变幻,一天紧似一天,第二次世界大战在所难免,中日两国全面战争一触即发,一旦战起,中国以弱国对强敌,要准备长期作战,才能取胜。他疾呼,必须停止一切不急之务,集中全国财力物力人力,"快快备战"。对建设空军、武器弹药和汽油等军需物资的准备和粮食的储存,交通设施的修筑和运用,以及后方工作等都提出自己的建议和意见。针对1932年3月日本帝国主义成立的伪满洲国,他在《新中华》杂志发表《东三省热河为我国领土考》,根据大量历史文献证明东北三省和热河省为中国固有领土,帮助青少年了解历史。他还在中华书局的《小朋友》周刊上编辑了《提倡国货》、《抗日救国》和《淞沪战事纪略》等专刊。陆费逵的政治敏锐性和政治态度,也影响到他的出版取向。中华书局代销售的《武昌革命真史》(日知会会员曹亚伯著),是国民党执政后查禁的第一本书。中华书局出版的"少年中国学会丛书"、"少年中国学会小丛书"、"新文化丛书"、"国民外交小丛书"、"东北小丛书"、"东北研究丛书"等,表明中华书局和陆费逵与社会各方面的接触比较广,而且不怕"在商不言商"。1932年"一二八"淞沪战争,中华书局出版了《淞沪抗日之役庙行镇战纪》、《淞沪抗日战事始末》、《淞沪御日战史》。
1937 年"八一三"事变上海沦陷,中华书局出版了《中日的旧恨
与新仇》、《沦陷后的上海》。这种紧贴国家命运的出版风格,是
商务印书馆所没有的。① 1938 年 7 月,国民党中常会通过《修正
抗战期间图书杂志审查标准》及《战时图书杂志原稿审查办
法》,8 月邹韬奋以生活书店名义发起"中性"出版社联合抗议,
陆费逵、王云五首先签名响应,全国出版界要求撤销此项审查,
陆费逵与王云五都积极表态。陆费逵还赞成中国共产党提出的
"一致对外"的主张,认为"多难兴邦",对战争的胜利充满信心。
1940 年他在重庆应董必武之请,在香港和上海等地调拨一批图
书,赠送延安中山图书馆,热情支持解放区的文教事业。② 他在
重庆听周恩来说解放区缺乏墨水、钢笔等文具的情况,设法通过
中华书局开封分局将这些文具送去以支持解放区。③

　　陆费逵不是完人,他至少有三点为人诟病。一是他事必躬
亲。舒新城也说:"一切事均赖伯鸿一人,而彼又无秘书,遂常
常顾此失彼。"其弟曾与舒议论,说陆费逵有家长作风,独断独
行,同人与他来往较少,在职务上必须知道之事情,往往茫然不
知。④ 二是他的迷信。他自己说,"我们虽不能迷信报应的话,
但是'因果'两字,却也不能不相信。"⑤他相信中华书局逢六不
吉之说,重要职员的办公室座位他都要亲自看定方向作安排。⑥

　　① 　汪家熔:《近代出版人的文化追求》,第 316 页,广西教育出版社 2003 年
　　② 　俞筱尧:《爱国教育家和出版家陆费伯鸿》,俞筱尧、刘彦捷编:《陆费逵与
中华书局》,中华书局 2002 年
　　③ 　陆费铭中访问录,转见吴中:《近代出版业的开拓者陆费逵》,俞筱尧、刘彦
捷编:《陆费逵与中华书局》,第 119 页,中华书局 2002 年
　　④ 　王震:《陆费逵年谱》(下),《出版史料》1992 年第 1 期
　　⑤ 　陆费逵:《书业商之修养》,《中华书局月报》1923 年第 7 期;吕达主编:《陆
费逵教育论著选》,人民教育出版社 2000 年
　　⑥ 　吴铁声:《我所知道的中华人》,《回忆中华书局》上,第 26 页,中华书局
1987 年

1939 年他在一封给舒新城的信中说,去年公司之风波均由沪港各厂"风水"不好所致。又说,他接洽要事时,出行必择吉日,而近年印刷营业均得力于此。舒新城在信上批"太荒谬"。[①] 三是他对于工人多取资本家立场,采强硬态度。1922 年 1 月,中华书局铅印工人 200 多人因工钱太低,全体罢工,要求加薪两成,他不允许。同年在中华书局同人刊物《进德》季刊上发表发刊词,号召职工"少吃东西,多负责任",遭到工人的反驳。1927 年因工人罢工,曾下令逮捕几个工人。[②] 在 1931 年的劳资纠纷中,《新闻报》曾刊有 70 余人通电抨击陆费逵,致陆费逵一度躲避。在书业商会出席劳资协议会,当劳方代表提出一项要求时,陆费逵不予答应外,还将桌上茶碟打碎。[③] 1938 年岁梢中华书局香港员工发起工潮,他最初的主张也是用老办法即停业解雇来对付工人。这一次工潮断断续续持续时间很长,中华书局以陆费逵名义在香港《大公报》上刊登解雇工人的大幅广告,劳资矛盾达到顶点。此事在全国产生了一定的影响,1939 年 9 月 20 日,《新华日报》对此事发表了评论,"在抗战艰苦阶段的时候,全国上下,不分贫富,和衷共济,精诚团结。中华书局为全国较大的文化机关,竟出此一策,实是一件可惋惜的事"。"维护战时生产,维护战时劳工生活,政府已有明令,集中一切人力,加紧后方生产,更是持久抗战的基本国策。这一点,在称为文化机关的中华书局,自当更加明白。中华书局对于厂中工人,既曾遗弃于'八一三'抗战初期,又抛弃于今日抗战艰苦阶段之时。这样一次再次地违反政府'维护战时生产','维护战时劳工生活'的命令,很明显地是不适当和不合理的。""我们呼吁一切正义人士,给予一千多失业工友和其家属以精神的和物质的援助,来帮

---

① 王震:《陆费逵年谱》(下),《出版史料》1992 年第 1 期
② 王震:《陆费逵年谱》(上),《出版史料》1991 年第 4 期
③ 王震:《陆费逵年谱》(下),《出版史料》1992 年第 1 期

助他们更迅速的达到他们帮助抗战、为国服务的目的"。①

　　近代中国知识分子开始了新的职业化历程,陆费逵是最早的一批职业出版家当中的一个。是他开创了一个伟大的事业,中华书局"首创之者先生,扩大之者先生,中经蹉跌而复兴之者亦先生","一手经营资本数百万元,员工数千人之大企业者,亘三十年之久,而身后所遗,乃不如一寻常之商贾"。金兆梓先生感叹"当今之世,又复有几人"!② 以现代图书出版业而言,鲁迅自办或合办了七个出版社,巴金等创办了文化生活出版社,老舍等创办了晨光出版公司,胡风创办了希望社和南天出版社,陈望道等办大江书铺,施蛰存等办第一线书店、水沫书店,曹辛之等办星群出版社,邹韬奋办生活出版社,另外创造社有创造出版部,太阳社有春野书店,以胡适为中心的新月社有新月书店。很多文化人办起了出版社,但真正能发展起来的并不多,因为其重心不在出版,而在文化,在学术。陆费逵把出版作为职业与职志,在最困难重重的时候,也"抱定有始有终的宗旨,不肯中途离开"。③ 陆费逵对于出版是有雄心壮志的。在编辑出版了《中华大字典》、《辞海》这样的大型工具书之后,他还发愿要编辑出版更大的项目:"吾行年五十,从事出版印刷业三十年矣,天如假我以年,吾当贾其余勇,再以一二十年之岁月,经营一部百万条之大辞书也!"④他在晚年还试图兼并商务印书馆、开明书店。战争爆发后的 1938 年春,陆费逵在致舒新城的信中,多次提到乘此机会兼并商务印书馆等。倒是舒新城在致陆费逵的信中

---

　　① 《保障战时劳工生活——援助中华书局失业工人》,《新华日报》社论,1939年 9 月 30 日

　　② 金兆梓:《追忆陆费伯鸿先生》(1943 年),郑子展编:《陆费伯鸿先生年谱》,1946 年 7 月油印本

　　③ 陆费逵:《我的青年时代》,俞筱尧、刘彦捷编:《陆费逵与中华书局》,第 483页,中华书局 2002 年

　　④ 陆费逵:《〈辞海〉编印缘起》,《辞海》,中华书局 1936 年

说，"公欲合并商务，弟以为尚非其时，如再经营相当时期，施相当策略或有可望，此时未达山穷水尽，因人人都有自尊心，纵使心有此意，亦不能自下面子"。① 陆费逵身居要职却自奉甚俭，家中虽有四个保姆，也属于资本家之列，薪水上对自己要求很严，初定两百元，但1917年危机后，他自减薪金只支公费一百元。至公司情况好转，1921—1931月支二百元，仍低于当时编辑、印刷、发行三所所长的月薪，"仍非其应得之薪"。② 1930年舒新城担任编辑所长为300元，比陆费逵高出100元。1932年后陆费逵月支300元。1936年议局中普加薪水，舒新城等向董事会提议总经理薪水加至500元。陆费逵认为若公司情形不好，股东等或以干部支薪太多所致，反使办事困难，故谦辞只接受加至400元。③ 这些情况和当时上海新闻出版业总经理一级的水平大体相当，戈公振的《中国报学史》记当时上海报馆总理薪水约在300元左右。作为全国第二大出版机构主持者经营30年，陆费逵身后所遗"不如一寻常之商贾"。④

陆费逵56岁仅得中寿，而服务社会和出版界三十七八年，主持中华书局三十年，自视出版业为终身职业，毕生精力与心血尽瘁于出版事业。他说过"我有许多机会可以做别种商业和入政界，但我始终不为所动"。在38岁时他写过这样的话表达了这样的心声："我从十九岁起，投身书业，一直到现在，大概是我的终身事业了。"⑤这是一种对于事业的执著。陆费逵对于自己在中华书局的经历也十分重视，中华书局成立12年时他写了

---

① 王震：《陆费逵年谱》（下），《出版史料》1992年第1期

② 赵春祥整理：《舒新城日记》（选载二），《出版史料》1987年第3期

③ 钱炳寰：《中华书局大事纪要（1912—1954）》，第153页，中华书局2002年

④ 金兆梓：《追忆陆费伯鸿先生》（1943年），郑子展编：《陆费伯鸿先生年谱》，1946年7月油印本

⑤ 陆费逵：《〈书业商会二十周年纪念册〉序》，吕达主编：《陆费逵教育论著选》，人民教育出版社2000年

《弹指十二年》,20周年时他写了《中华书局二十年回顾》。他具有良好的职业道德,他发起和主持了中华书局的许多大的项目,却从未挂过主编名,这一点,也让中华书局的同人怀念。①陆费逵十分珍视这种创业精神,在濒临澳门路编辑所的大门一侧墙壁上曾立有一块铜牌,上面刻着由陆费逵撰写的创业经过。这家仅次于商务印书馆的大出版业,在三十年间编辑出版了许多有益于社会的书刊,为传播文化知识促进我国的近代化进程作出了贡献。陆费逵虽然不一定是一个伟大的思想家,但绝对是中国近代化历程中的一个智者,他是兼出版家与教育家于一身的实践家,中国缺少和需要这样的实践家。

曹聚仁说:"一部近代文化史,从侧面看去,正是一部印刷机器发达史。"②在近代中国这样一个动荡时代和转型社会,新的印刷媒介的兴起,对于现代民族国家的构建确实有着不可替代的作用。印刷媒介创造了许多不同的社会群体,③快捷的印刷技术和兴起的出版商业,促使文化具有放大器的功能,不仅创造了社会的受众,也创造了像陆费逵这样的出版人。

陆费逵的十几年的主要搭档舒新城在他去世后五年写道:"三十年间,中华书局出版新旧书籍近二万种,皆先生主持之力。其一生事业,固全在书业。"但在那样一个时代做出版并不是一件轻松的事,开明书店夏丏尊在陆费逵下世四年后还在说:"书店的机构庞大如是,非有巨大资本不能应付。可是按之实际,书店的资本薄弱得很,在战前全国最大的书店如商务印书馆资本只五百万元,中华书局是四百万元,其他的各书店只不过数十万元而已。以如是薄弱的资本,要想转动其全部机构,来实现

---

① 转引自朱联保:《关于世界书局的回忆》,《出版史料》1987年第2期
② 曹聚仁:《文坛五十年》,第83页,东方出版中心1997年
③ [美]黛安娜·克兰著,赵国新译:《文化生产:媒介与都市艺术》,第21页,译林出版社2001年

文化上的使命,当然力有未逮。"①号称中国最大最重要的出版机构之一的中华书局苦心经营几十年,除了出的书以及新增的固定资产以外,它每年的利润其实也并不高,除个别年份外从来没有越过 25 万元的,其艰难可知。"欲问山中事,须问打柴人",陆费逵曾说过出版家的难处:"或以为薄待著作者,一定肥了发行者,但是发行者得利之书很少,蚀本者很多。每一书坊开若干年,只剩些不销之书籍和无着落之欠账,便不得不关张了。前清末年的许多书坊至今存在的差不多只有商务印书馆和广益书局几家。其余不是关门,便是出盘。即民元开办的中华书局,艰难备尝,慎重紧缩,股东在近十七年中,或无利,或得利一二,最多一年只四厘。办事人待遇也很薄,苦了二三年,总算勉强站住了。其他与中华书局先后开办的,现在一家都不存在了。试问如此情形,资本家和事业家谁肯来经营这种事业呢?"②

　　这是一番诉衷肠。历史的写照如此,但历史又幸有陆费逵,因而有了中华书局和近代出版精彩的一幕。张元济和陆费逵们的业绩表明,出版人不仅仅是一个时代的感应者被动者,同时也是一个时代文化的创造者激荡者。而陆费逵的当代意义还在于,尽管他和张元济们一样给现代出版人树立了一个几乎不可再现的高度,"张元济不可追",对陆费逵也应作如是观,但人们仍然会去不断地研究他,追寻他的足迹,虽不能至,心向往之。

---

　　①　夏丏尊:《中国书业的新途径》,《大公报》1945 年月 12 月 27 日
　　②　陆费逵:《六十年来中国之出版业与印刷业》,俞筱尧、刘彦捷编:《陆费逵与中华书局》,第 480 页,中华书局 2002 年

附录一

中华书局的分局体系

　　在全国各地开设分店,是近代以来出版企业最普遍的经营方式。中华书局在各地建立的分局,在中华书局的发展史上有着重要的地位,在近代中国出版史上也有重要的作用。中华书局编辑以外的下游业务,一向分为三块,一是总店(后改为发行所),二是印刷所(1912 年始设印刷所),三是各分局。三分天下,互为掎角,而分局的车轮有力地拉动着中华书局前行。

一、分局之建立

　　商务印书馆在开办 5 年后的 1903 年,才在汉口创办了第一个分馆,中华书局则于开办之初即在各地开设分局。中华书局开办分局与创办总局的时差很短,可能是吸取了商务印书馆的有效经验。书局开办当年即设分局 9 处,包括北京、天津、奉天、南昌、汉口、广州、杭州、南京、温州,这是最早的一批分局。① 最早设立的分局为南昌、天津两处。1913 年即增至 17 处。1927年增设香港和新加坡两分局。到 1937 年,中华书局在全国设立

教育与出版——陆费逵研究

————————

　　① 俞筱尧《陆费伯鸿与中华书局》说为 7 处,天津、南昌、汉口、广州、杭州、南京、福州。

分支局近 40 处。① 差不多可以说,凡是商务印书馆有分馆的地方,中华书局也必有其分局。

中华书局建立分局的形式与商务印书馆又有不同。建立分支机构是一项比较大的投资,非有大财力者不能办。商务印书馆凭借自己雄厚的实力直接建立起自己的分局体系,由总馆派员前往经营,分馆受总馆的直接管理。中华书局建局晚而设分局却行得早,初起的中华书局由于资本实力远不如商务印书馆雄厚,一时还不能与商务印书馆比雄,但它自有办法。这就是在分局建立之初多借助现有力量,与当地士绅商人合作开设分局,让利与人,这样也易于在地方上开展业务,并保持较持久的竞争力。初期的分局形式大体有三种,即合办、特约和自办。这三种形式是由中华书局自身的需要与实力来决定的。合办是第一种方式,乃是与当地书店联合,由双方合股,如此方式在早期尤为居多,因为完全自办人力财力确有不济。特约是第二种方式,即在当地找一合作方挂牌,为特约经理处,称"挂(领)牌分局"。这两种形式的分局,具有投资少而收效快,而且竞争力强的优越性。在最初设立的分局中,这是主要的办法并起过十分重要的作用。第三种是由总局自办,之所以自办是因为当地既无合适人也无合适书店可以合作。② 按关系的亲疏程度依次是自办、合办、特约。随着中华书局实力增强,合办和特约这二种形式的分局又存在着一些不足,如难以直接调度等,故而分局的走势是向自办发展。原先设立合资合办的分局也逐渐收回自办。徐州分局在 1924 年春由特约改合办,资本 4000 元,中华书局占其半。1924 年福州书局收回自办。到四十年代末期,只有济南教育图书社与青岛分局还是合资的,其余悉数收回自办。

---

① 各分局地址和经理等详情,见陈世觉:《我的回忆》,《回忆中华书局》上,第178 页,中华书局 1987 年
② 钱炳寰:《中华书局大事纪要(1912—1954)》,第 5 页,中华书局 2002 年

一部分分局之下又有支局。汉口分局之下,1926 年设武昌支局。广州分局下原有梧州支店,1927 年改为分局,不再受广州分局管辖。1936 年,开封分局先后设立许昌、南阳两支局,汉口分局设立沙市支局,杭州分局设立金华支局。1937 年共有支局 6 处。

为什么要开办分局? 主要的原因有两条,一是因为当时中国的新出版业尚在初起的阶段,还没有建立起能够将出版者与零售店联接起来的大的图书批发机构,用现在的新话语即中盘。即有的只是各地小的分销商,他们先天不足,资本太小,经营无多,又不能有充分之备货。因此,大出版机构便不得不自行建立包括编、印、发在内的组织体系,把网点直接布向全国;中小书店则想办法在各地寻求特约经销。二是出版机构有分局,便于总部在各地开展业务,打开市场推销自己的产品,便于掌握各地实情,面对面地有效地扩大业务,尤其是便于和当地教育界打交道,扩大本版教科书的发行。中华书局开办的初期,陆费逵曾到各地调研书籍销售情况,回来后向股东会报告:"各省销数,大概有分局者较佳,以供应足而呼应灵也。今年分设之湘、鄂、晋、豫及长春、保定等局,成绩皆有可观。本年三个月之贸易,已足抵客岁全年而有余。"[1]1915 年陆费逵在致北京分局王仰先的信中也说到业务大进和分局有相当关系:"上半年生意大有进步,较去年上半年约多一半(去年上半年卅六七万,今年五十余万),京、鲁、晋、粤最有进步。"[2]而分局"只要抓住春、秋两季教科书的销售,就可坐吃半年"。[3] 在发行大教科书和大投入的图书方面,分局作用是很明显的。1926 年中华书局开始预约发行《四部备要》,总局派人携带样书在天津召开华北地区各分局的

①　陈世觉:《我的回忆》,《回忆中华书局》上,第 177 页,中华书局 1987 年
②　钱炳寰:《中华书局大事纪要(1912—1954)》,第 20 页,中华书局 2002 年
③　逸琴:《中华书局与世界书局的汉口分支机构》,《武汉文史资料》1994 年第 2 期

发行工作会议。依照这一套推销办法,在全国范围内都取得很好的业绩。由此看来,分局的设立,确实有利于中华书局业务的开展与扩大,使自己的发行网络几乎遍布全国及东南亚。中国现代出版史上居第三大书局的世界书局,也是一成立即马上在全国建立分局。世界书局 1921 年成立后,仅在湖南一省就先后开设三家分局:长沙(1923)、衡阳(1923)、常德(1924),使其在该省教材市场份额大大提高,竟占有一半左右。这样的分局体系,用现在的眼光看其实也是一种出版业的跨地域发展。

分局机构由于战争等原因也有变化。如东北地区,哈尔滨、长春、吉林等 3 处在"九一八"事变后维持不下去相继停业。"七七"事变后,华北华中大片国土失陷,中华书局在这些地区的分局也随之停业或搬迁。武汉沦陷前,分局迁宜昌后又移恩施。抗战时期,中华书局也尽可能设法在敌后开展业务。①

二、分局有一套管理办法

总局是分局的中枢,分局又向为总局的营业基地,处于第一线,具有重要的作用。中华书局管理层向来极为重视分局,对分局的管理也很严格规范。管理的办法,一曰制度管理,中华书局印有两本《办事通则》,作为管理分局的基本规章制度。在各分局发展起来后,总局于总办事处下设立分局事务课,统理各地分支机构业务。"且常召开分局营业会议,共谋改进"。② 1922 年

---

① 俞筱尧:《陆费伯鸿与中华书局》,《书林随缘录》,第 25 页,中华书局 2002 年

② 舒新城:《陆费伯鸿先生生平述略》,《陆费伯鸿先生年谱》,第 11 页,台湾中华书局 1977 年

4月,在分局经理营业会议上,议定各案三十条,包括备案、添货、结账、推广、营业、统计、账目、代接印件、经营外版、文具等实施办法。二曰考察管理,不时对分局作实地考察,早期主要是总经理亲自去,后期则多派员前往。如早在1913年,陆费逵就到南京、济南、天津等地视察分局,1919年又到华北各分局考察,曾历至南京、济南、天津、北京、石家庄和太原等处。1924年陆费逵视察中华书局沿长江各城市之分局。到1936年更将制度管理和考察管理两者结合起来,专门制定《视察分局简章》十四条,形成专门的考察制度,具体规定了要检查的内容以及对视察人本身的约束,大有兴利防弊之用。其主要内容有九条:1、分局如能供应食宿,应住在分局内;2、视察内容有清点银钱存数,复查账欠情况,稽复销号,书刊存数应抽查四五十种。3、营业情形;4、当地状况、物价开支等;5、每视察一处以三到六周为度,作出书面报告,必要时派上级职员复查。6、视察员于三年内不得去该分局任事;7、不得干预用人行政及营业等事;8、分局不得以礼物馈赠视察员;9、视察员如有不规行为,分局经理应向总局报告。①

中华书局在对于各地分局的长期管理中,形成了一套行之有效的管理体系。

一是人事管理体系。人事管理的核心是要解决上下一心靠得住的问题。分局一般人员惯例由分局在当地雇用,所雇人员一般不得过问业务上的事,否则就要遭到裁撤。一般人员雇用几年后,大多要进行调整,目的在于避免雇用人员了解内部情形泄露业务秘密。② 分局的管理层,由总局聘请当地有经验的有地位的教育界人士担任,或由总局委派,也将骨干人员作为一种

① 钱炳寰:《中华书局史事丛钞》,俞筱尧、刘彦捷编:《陆费逵与中华书局》,第295页,中华书局2002年
② 逸琴:《中华书局与世界书局的汉口分支机构》,《武汉文史资料》1994年第2期

提升派往分局。有的骨干便长期在分局工作,如郭农山,在北京、沈阳、成都分局都工作过。陆费逵很重视分局经理人选。他提出的分局经理人选的标准,一是品德较优,二是文化水平较高,三是本业的内行,四是要懂一点经济。像汉口分局经理徐秀成,曾任过师范学校校长和国民党军队师政治部主任,后来是任职分局经理时间较长的一位。分局经理地位一般较高,中等分局的经理相当于总局的部主任。分局经理每年要向总局报告工作,常常是通过亲自送财务报表的形式到总局汇报工作,陆费逵总要亲自会见,慰勉有嘉,并不时向他们介绍自己对管理企业的一些意见。分局的一般职员,前面说过一度曾由分局自行任用,但出现了同乡戚族人员过多的现象。其实这也是中国出版业的一个与社会共有的通病,在相当多的出版机构里用人多为血缘与地缘的关系,如商务印书馆早期编写教科书的多为常州人,开明前期基本由绍兴人职掌,现代书局多为宁波人。这样做初期于事业还有一定的好处,发展下去显然弊大于利,从现代企业管理的角度看,往实里说还未脱旧式家庭作坊的路子。1932 年中华书局总局特地制定办法对此弊端加以纠正。这个办法由总经理提出并经董事会通过,其具体规定是:分局用人,经理同乡介绍者考试录取额不得超过四分之一,须凭考卷照片报经总局核准,经理绝对不能任用戚族,前用同乡超过四分之一的,责成加以甄别,酌量辞退;将分局按营业规模,分成几等,按等划定用人和薪水指标,如业务过 30 万元的,可用到 28 人,但随业务的增加可酌加人员。[①]为了提高分局人员的业务水平,还让分局派员到总局实习。

一是财务管理体系。加强各分局的财务、收支与账目的管理,是分局管理的核心。各分局会计,由总局委派,除负责账务外,还可向总局反映分局重要情况。对分局账本、收付凭证、解

---

① 钱炳寰:《中华书局史事丛钞》,俞筱尧、刘彦捷编:《陆费逵与中华书局》,第 334—335 页,中华书局 2002 年

款等,都有详细规定。"经理五日点现一次,内账无论如何可靠,此种法定手续均需执行,不可稍存疑虑客气之意。如有银钱账目不符,应立即报告总局。倘未点现或不符不报,以共同作弊论"。分局每年年终结账,先送试算汇册,经总局复核后认为账实相符,不是虚盈实亏,没有弄虚作假,才算手续完毕。总局对各分局薪水情况也有所规定。规定称:各分局营业情况,有进有退,分局薪水,除经理外,有占年营业额 1—2%,有占 5—10%,亦有占 20% 者。职工薪水一般占现并(指现金收入,账欠不在内)5% 以上,即难得盈余,占 10—15% 以上包亏本。根据这样的考察,按经营规模分等规定薪水比例。① 总局对于分局财务控制较为严格。如 1937 年 1 月在报上刊登紧要声明:分支局均不许在外赊欠银货,钱庄银行往来另有规定办法。领牌之分局加记为别,所有钱庄往来及一切契约行为,均与本公司无涉。并在报上公布了分支局详细名单。1938 年,成都分局业务有所萎缩,在职业态度上也存在问题。郭农山曾用一个多月时间草拟《分支局经营管理办法》送请总局备案,同时按这个办法加以整顿,业务得到很好的开展,员工的精神面貌也发生了变化。②

一是监督体系。由于各分局拥有相当的权力,尤其是分局经理权限较大,人事、财务、物资三权统归一人管理,于是又有针对性地将业务地区作了若干划分,在这些地区分别任命监理人,以便就近监督各分局。据钱炳寰研究,监理制度始于何时,如何分区,职责如何,未能备悉。监理分区设置大致是,华北区,亦称二区,驻平局,辖北平、天津、保定、邢台、张家口、太原六处;青岛、济南二地分局,亦属二区,因系合办性质,与自办的六处有别;华南区亦称五区,驻港局,辖广州、汕头、香港、新加波、福州、厦门、梧州、昆明;长江区,驻汉局,辖汉口、长沙、常德、南昌、九江;成渝区,亦称四川区,驻成局,辖成都、重庆。另有苏、皖、豫、陕、甘等省,如何分区不详。所见任监理的人员,周支山(二区)、郭农山(长江)、胡浚泉(成渝,1934年2月任)、郑健庐(五区,1934年4月任),陈光莹(双杭局),程润之(四区,未知辖哪些分局,1931年5月任),共6人。①

中华书局总局对于分局的管理体系是逐渐完善的。在早期的分局管理中,有过分局经理挪用公款乃至控制失灵的现象,这也是造成"民六危机"的要素之一,在解决"民六危机"时,陆费逵也将对于分局的整顿作为任务之一。②

三、分局在中华书局营业结构中的地位

由于分局数量多,且处于营业的第一线,故有不可替代的重要作用。我们且从中华书局历年营业结构来分析分局的重要地位。

中华书局历年营业结构

(单位:万元)

年份	总店 (发行所)	印刷所	分局	总额	盈余
1912				20	4.4

① 钱炳寰:《中华书局大事纪要(1912—1954)》,第153—154页,中华书局2002年;并见陈世觉:《我的回忆》,《回忆中华书局》上,第178页,中华书局1987年
② 中华书局档案,转见吴中:《近代出版业的开拓者陆费逵》,俞筱尧、刘彦捷编:《陆费逵与中华书局》,第118页,中华书局2002年

年份	总店（发行所）	印刷所	分局	总额	盈余
1913 年上半				35	9
1913.7—1914.6				70	13
1914.7—1915.12				165	25.8
1916				110	2.4
1917				63	
1918.7—1919.6				82	2
1919.7—1920.6				110	22
1920.7—1921.6				148	16
1921.7—1922.6	40	36	97	173	17.6
1922.7—1923.6	43	40	100	183	19
1923.7—1924.6	57	53	97	207	
1924.7—1925.6	52	62	84	近200	17
1925.7—1926.6	57	82	91	230	17
1926.7—1927.6	71	93	98	263	10
1927.7—1928.6	71	75	77	223	8.3
1928.7—1929.6	92	89	101	282	18
1929.7—1930.6	109	87	138	334	19.6
1930.7—1931.6	113	115	169	397	22.3
1931.7—1932.6	96	107	164	367	18.3
1932.7—1933.6	110	117	168	395	17.6

年份	总店（发行所）	印刷所	分局	总额	盈余
1933.7—1934.6	118	126	167	411	18
1934.7—1935.6	147	135	189	470	20.3
1935.7—1936.6		215		819	24.7
1936.7—1936.12				532	15

（此表据钱炳寰《中华书局大事纪要》统计制作，并参俞筱尧《陆费伯鸿与中华书局》）

1913 年中华书局会计制度变革，从这一年下半年起，该年的下半年与次年的上半年合为一个会计年度。二十年代以前缺相关资料，我们无从分析其营业结构。但从上表可以看出，自二十年代以来，分局和印刷两项均占有相当比例，当彩印和钞票印刷业务展开后，印刷的重量日形明显，但分局利润长川分别高于总局和印刷两类。由此可见分局营业额在中华书局的分量。正如我们前面所说，分局的车轮拉动着中华书局向前。

分局处在市场竞争中的前哨。在中华书局档案中，有陆费逵给各分局经理的一个电报："丙回佣大，又密升水，现定跟丙。25 元以上总局任半数。7 月发同行货追认。最好面谈，或批发部员发私信，弗落据。逵元。"[1]这里有点费解。联系这封电报的发出日期是 8 月 13 日，则大意可明，此信说的是在有关教科书的发行中，丙（指世界书局）给的回扣大，又不按照几家的约定暗地里增加，因此现在决定比照丙的做法实行。凡给回扣 25 元以上的，总公司承担一半。7 月份发的货照现在的给优惠。最好是当面谈不要留下凭据，或者以个人名义发函。由于分局

---

[1] 钱炳寰：《中华书局史事丛钞》，俞筱尧、刘彦捷编：《陆费逵与中华书局》，第 294 页，中华书局 2002 年

在营业结构中的地位重要,各地分局的工资、福利也较一般民营书业为高。如汉口分局,员工工资一般可达到40元,其他书店则只有10元。① 又如,1927年2月,常德分局经理汪焕庭病故,母老子幼,送丧费100元,支半年薪工,每月给赡养费10元,以15年为期。

分局还有其他作用,如由各地分局为中华书局图书馆采购当地新出的书报刊;为中华书局同人提供各种便利。钱歌川曾回忆:"中华书局在陆费伯鸿先生领导下,无形中形成了一种传统,我们无论走到何处,只要有中华书局的地方,就一定可获得照顾。我在赴欧途中经过新加坡,就受到当地分局经理们的热烈欢迎。抗战期中,我妻独自一人由海外回国,经过人地生疏而又正遭敌机轰炸的桂林,陷入困境,幸找到中华书局,就一切都顺利了。"②照此来看,分局成为了中华书局在各地的员工之家。

陆费逵曾在1921年写的《我国书业之大概》一文中谈到中国与欧美书业组织结构不同的一点是分局的设立:"查外国书业之分店至多不过数处,若我国则不然,如商务印书馆、中华书局两家,分店各多至三四十处。其所以如此者,亦有二故:一货币不良价值不定,而分销处买卖不多,安能代受此亏累;二交通不便运输为艰,分销处资本又小,不能有充分之预备,于是内地学校需要课本时每感不便,此又不得不自设分销。"③这也算是经验之谈。

近代中华书局、商务印书馆等老牌出版社在全国各地建立分支体系的作法,是一种富有创造性的直接面向市场的有效的经营方式,如开明书店夏丏尊在抗战胜利之年所说:"向例一家书店机构很是庞大。总店本身要具有编辑所、印刷所、发行所三

---

① 逸琴:《中华书局与世界书局的汉口分支机构》,《武汉文史资料》1994年第2期

② 钱歌川:《回顾五十年》,《钱歌川散文》下册,中国广播电视出版社1995年

③ 《陆费伯鸿先生年谱》,第97页,台湾中华书局1977年

部。总店以外,还要具有许多分店才算骨格完整,初具规模。"①
这也算是一种历史的经验,对于当代出版实在是富有启示意义
的。它至少提供了一种内涵式发展的模式,而出版集团建设,也
无疑要有自己在全国各地的分支体系,才能真正做到跨地区发
展,把产业做大做强。

---

①　夏丏尊:《中国书业的新途径》,《大公报》1945 年 12 月 27 日

商务印书馆与中华书局:中国近代出版史上的冠军与亚军

20 世纪上半,商务印书馆与中华书局并世而立,是中国近代以来两家最重要的出版企业,就时间延续之长、市场占有份额之大,影响社会之巨, 没有第三家可比。倘若将这两家作一比较,如果能有一个类比的话,可以说恰似中国近代教育和文化史上的北京大学与清华大学。又假如说北京大学与清华大学还不好分出轩轾,那商务印书馆与中华书局则可以说如同竞赛中的冠军和亚军。

一、异同之比较

这两家并世而立的出版机构,既有其同也有其异,异与同是相比较而存在的。

先说同。

商务印书馆与中华书局都在中国近代资本主义的中心创立,大上海商业化的社会土壤培育了它们,虽然在它们身上还可以看得到若干封建残余的成分,但它们都逐渐成为资本主义性质的民营大出版企业。而近代教育的兴起又让它们成了新式教科书的制造所，甚至可以说它们都由教科书的编写与发行起家，教科书不仅成为主营业务，也成为其主持人强国富民的理想所寄。商务印书馆与中华书局的发行所在福州路上比邻而居，它们是中国最大的两家出版业，具有完整的产业链，包括编辑、印刷、发行、分馆（局），甚至学校以及图书资料室，其组织结构、经营格局、生产规模，也大同小异，它们的企业定位又同样是那样地准确。

　　从成立起，商务印书馆与中华书局就成为高校以外中国近代知识分子聚集的两个中心，于是它们也就成了由中国近代一批文化人主持的一个安身立命的企业，也是一种安心立命的事业。张元济的"扶助教育为己任"以及"昌明教育平生愿，故向书林努力来"的矢志，陆费逵的"我们书业虽然是较小的行业，但是与国家社会的关系，却比任何行业为大"的自我体认，①确有异曲同工之妙，其核心精神何其相似乃尔。"教育救国"、"出版救国"成了转型为新知识分子的那一代出版人的一种新传统。商务人和中华人成为 20 世纪上半叶中国近代出版人的代表，成为社会文化思潮的有力推动者。就对于近代中国文化走向的贡献而言，商务印书馆与中华书局是任何其他的业态比不了的。

　　商务印书馆与中华书局在发展的历程中，也并不是一帆风顺的，都经历了无数的艰难困苦，但它们百折而不回。商务印书馆早经 1914 年前后的橡胶风波和夏瑞芳遇刺而不倒，后经1931 年"一二八国难"而复兴；中华书局经历了"民六危机"而起死回生。在民族危亡之际，他们更是自觉承担起民族文化传承和开启民智的重任，迁移后方继续开展业务。他们走出困境

---

① 　陆费逵：《〈书业商会二十周年纪念册〉序》，《青年思想杂谈》，中华书局
1926 年

的毅力,克服困难的勇气,乃是现代出版的一笔宝贵财富。

商务印书馆是中国近代出版的先行者,中华书局后起,在出版和经营方面,多学习和效法商务印书馆,借鉴其经验,并奋力赶超,有所创新立异。两家之同,抹之不去;两家之异,显而易见。

次说异。

这两家出版机构是不同时代的进步产物。就两家出版机构的产生来说,都具有时代的代表性,它们都是时代的产物。不过从两家先后成立的时间上看,一个产生于变法前一年,一个成立于革命后一年,某种意义上也可以说,一个是维新思潮的产物,一个是辛亥革命的产物,它们折射了不同的时代意义。商务印书馆的主要代表人张元济是维新变法的边缘参与者,因变法失利而南下与主持商务印书馆的夏瑞芳结识并结合;中华书局的代表人物陆费逵是辛亥革命的非主要参与者,青年时代就接受了维新思想和革命思想,参加革命团体日知会,从事革命活动,他预料到革命将要发生,并成功成立了以发行适应民国需要的教科书为业务的中华书局。

商务印书馆的早期主持人张元济等由维新而入出版,张由翰林而入于商,中华书局的开创者与主持人陆费逵少年即参加革命党,由自学而入文化殿堂,这一点对于两家后来的发展不能不有很大的指向上的制约,它决定了这样一种格局:虽然商务印书馆也有趋新的一面,但在大部分时间里则偏向于保守,以"在商言商"为其贯穿始终的经营宗旨,后来者王云五也多少要"萧规曹随"。中华书局的当家人陆费逵对民国建立后的政治,在认识上比张元济敏感,似乎中华书局出的书在政治方面比商务印书馆也要开放一些。中华书局相对趋于革新,在出版物的指向上也体现出这一特点。

在经营格局上,虽然编、印、发体系大体相同,但中华书局在印刷方面后来居上,其机器设备更为先进,承接了大部分的彩印

业务。中华书局还曾在报上刊出过广告，题曰《中华书局之印
刷何以最精美》。① 王云五的商务印书馆在 20 世纪三十年代放
弃了印刷后，中华书局的印刷更是取得了优势。这也导致了两
家在后期经营格局上的不同面目。于是有研究者指出，商务印
书馆与中华书局两家的发展道路有所不同或正相反，商务印书
馆以印刷起家而发展到以出版为主，中华书局以出版起家而发
展到以印刷为主。②

在外部公关上，中华书局和商务印书馆都注重疏通与官方
的关系，但中华书局具有更多的官方色彩，带一点官督民办的色
彩，中华书局的股份，后来很注重走官方的路子，孔祥熙更任过
中华书局董事长，中华书局能将印钞拿到手里，就和它走通了官
方路子大有关系。

在内部管理上，商务印书馆偏重于严，中华书局偏向于和。
自张元济时代起，商务印书馆就制订了许多制度，以严管著称，
细致到查看各分馆考勤表，还起用杨端六制订现代会计制度，张
本人更立得直坐得正，不循私情。王云五也推行过科学管理法，
据说此公每日到馆，必定大咳三声，"只消咳嗽一回，能使 300 多
位职员鸦雀无声"。商务印书馆在管理方式上确乎是制度严
密，执行严格。在当时的书业同人心目中，"商务的组织真很严
密而精良，非常佩服"。③ 中华书局在内部氛围上比较宽松一
点，陆费逵平实亲和，他本人在谈中华员工待遇时，也说员工迟
到早退"并不计时扣薪"。④ 舒新城有一段日记："本公司原是在
封建社会将开始崩溃时代产生的，最初之范围甚小，组织甚简，
各种事务，多由总经理直接处理，各级人员亦多由其直接指挥，
遂形成家庭性质之集团。所谓事权，并无严格的界限，大家习惯

---

① 《申报》1934 年 5 月 12 日
② 汪家熔：《近代出版人的文化追求》，第 67 页，广西教育出版社 2003 年
③ 汪原放：《回忆亚东图书馆》，第 79 页，学林出版社 1983 年
④ 钱炳寰：《中华书局大事纪要(1912—1954)》，第 74 页，中华书局 2002 年

了,亦怡然相处,纵有事务处理或人员指挥之权限不清楚,彼此不甚介意,甚至于不问,二十余年来,大家为此种习惯所陶铸,无形中形成一种习惯法。凡与此习惯法相应者心理上自然有一种安顿,事务上亦不感棘手。现在干部人员之最大部分都过此习惯的生活,所以大家相处很好。"①钱歌川也回忆,中华书局在陆费伯鸿先生领导下,无形中形成了一种传统,我们无论走到何处,只要有中华书局的地方,就一定可获得照顾。②

同是共有的价值,异是自具面目。异与同不是绝对的,同中有异,异中有同,是普遍的法则,也是商务印书馆与中华书局的生命法则。同是价值,也是风采;异也是价值,也是风采。

二、竞争加合作

商务印书馆与中华书局是近代出版业两个最大的竞争对手。中华书局在创办的过程中就充分显示出它是时代的产物,也是竞争的产物,其起点之高,是后来的出版业很少有的,它一上来就直接瞄准和盯住商务印书馆,抢占高地,并且确实在很短的时间内便形成了对先行者的全面冲击。

对陆费逵创办新的出版机构,商务印书馆高层虽然有所防备,但还是被他打了个措手不及,以后两家在所有的出版领域都形成全面竞争的态势。在出版物领域,双方的教科书、工具书、古籍、杂志各不相让,你印《四部丛刊》,我就出《四部备要》;你出《辞海》,我则有《辞源》;商务印书馆创办了有名的《东方杂

① 卢润祥等整理:《舒新城日记》(选载一),《出版史料》1987 年第 2 期
② 钱歌川:《回忆五十年》,《回忆中华书局》上,中华书局 1987 年

志》、《教育杂志》,中华书局在创业之初就有相应的八大杂志与
之对峙。在出版环节,在印刷方面,在发行方面,两家竞争格局
确然形成。双方更在全国以至海外争相建立分局分馆,各达数
十处之多。虽然在总体上说商务印书馆占优,但在某些方面中
华书局也占强,如前说彩色印刷方面。王云五也曾说他的竞争
对手,在一切方面都不肯放过。① 这种同业竞争是中国近代出
版的重彩戏,有力地推动了中国近代出版的前行。当时人就有
论说:"我国教科书因有竞争之故,乃大进步。"②也确实如此,商
务印书馆的教科书在中华书局出现之前,由于一家独大,不大注
意修订,中华书局的出现逼迫它正视提高教科书的质量。不仅
如此,两家竞争,也降低了教科书的价格,让学生和家长得到了
实惠。

　　竞争的手法也是多种多样的。商务印书馆在中国近代出版
史上,确实具有难以移易的领先性,中华书局的基本策略则是
"跟进"。商务印书馆每开创于前,中华书局必跟进于后,而且
跟进速度之快,几乎没有太多的时间差。跟进,不是跟风和跟
潮,也不是简单的"模仿",而是在模仿中创新与超越,你有我也
有,你有我更优。中华书局的跟进也是一种眼光,其一,要选择
适当的跟进目标,建立后发优势;其二,在中华书局跟进之后,其
他的出版者基本上不可能再跟进。这是中华书局的高明。中华
书局的跟进,既提供了一种书业运作范式,也确实促进了近代出
版业的共同发展。

　　竞争的关键是质量,旧中国的图书质量以商务、以中华书局
为最,不能不是竞争的结果。中华书局辑印《四部备要》,敢于
悬赏挑错,说明他们对于自家图书质量的自信。竞争还得依赖

---

　　① 　王云五:《悼陆费伯鸿先生》,《出版史料》1992 年第 3 期
　　② 　舒新城:《陆费伯鸿先生生平述略》,《陆费伯鸿先生年谱》,台湾中华书局
1977 年

多种营销手段,两家市场运作的手段可谓是现代出版业的老祖宗,如提高服务质量,如让利销售,如大打广告仗。以广告为例,双方为推广自己的教科书,曾大登其广告,一两个月内就在《申报》这样的大报,各自竟刊出六七次之多,沪上最大报纸《申报》于是成为中华书局、商务印书馆图书宣传竞争的主战场。在竞争中,为了维护己方利益,双方甚至不惜对簿公堂。如1919 年中华书局出版的译作《日本人之支那问题》一书中,将已与日资脱离的商务印书馆仍作为日资合股,译本未作说明,商务印书馆便发起诉讼,结果中华书局赔付 1 万元名誉损失费。

但竞争者之间也有合作,有合作的竞争才能真正促进竞争。合作有多种方式。一是在危机中寻求合并。1917 年中华书局遭遇"民六危机",两家曾进行过合并的谈判,虽未成,但谈判持续差不多近半年之久。幸得当年主事之人未将两家合并,才有后来中国的出版活剧。二是针对第三方的竞争而建构合作体系,以巩固现有格局。为对付新起的世界书局在教科书方面发起的冲击波,两家一度共同出资建立了国民书局来推销廉价教科书。但世界书局还是没被挤出教科书市场,国民书局不久却因资本送完而停业。三是为了自身利益协调,双方采取合作。1921 年底,中华书局与商务印书馆这对老对手间签订了关于销售小学教科书的协议,计二十一条,内容包括发售折扣、回佣、赠品、对分局补贴限制以及违约罚款等。① 四是在以弱抗强方面形成合作。如向国家有关当局争取教科书政策以及用纸方面等,两家也常常能达成合谋。1938 年邹韬奋以生活书店名义发起中性出版社联合抗议,抗议国民党政府的图书审查办法,中华书局的陆费逵和商务印书馆的王云五首先签名响应。

贤俊之士常有"既生瑜,何生亮"之慨,但历史常常就是瑜亮并世而同辉。竞争与合作是商务印书馆与中华书局并世同辉

---

① 钱炳寰:《中华书局大事纪要(1912—1954)》,第 64 页,中华书局 2002 年

的保障。

三、冠军与亚军

　　商务印书馆是近代出版的一座丰碑，中华书局无疑是又一
座丰碑。

　　就时间的长短而言，商务印书馆与中华书局是现代中国历
史最为悠久的两家出版社，商务印书馆行世早，到 1949 年，商务
印书馆 52 年，中华书局 37 年。就出版物的品种、数量以及营业
规模来看，也以商务印书馆为最，中华书局次之。商务印书馆资
本达到 500 万元，1902—1950 年上半，商务印书馆共出书 15116
种。从几个重要年份看，商务印书馆年出新书量约占全国一半。
1936 年商务印书馆为 4938 册。[①] 中华书局的图书出版在这一
年，也达到空前绝后的最高峰，种数 1118，册数 2279。1937 年
"扩充资本，一次增足为 400 万元"，年营业额约为 1000 万元。

　　商务印书馆开其端，中华书局承其绪。在中国出版史上，商
务印书馆多是导夫先路者，但中华书局也并不仅是一个平庸的
跟风者，他也有自己的创造，前面说过，他的出版物永远都可以
与商务印书馆媲美，中华书局的彩印（包括印钞）更超出商务印
书馆，成为亚洲之最。不仅如此，他还有自己的经营之道，还有
自己的文化自觉。

　　商务印书馆是老大，中华书局便只能是老二。在商务印书
馆和中华书局的有关文件和函件中，往往也将商务印书馆和中

---

　　① 　王云五：《十年来的中国出版事业》，载张静庐辑注：《中国现代出版史料乙
编》，中华书局 1957 年

华书局互称或自称为甲和乙,是不是也含有这种老大与老二认同的意味,也未可知。

在中国,人们对于冠军,一向都很重视,往往会给予许多的光环;对于亚军,关注的目光却不是很多。但亚军的意义不容低估。一方面,有了亚军的存在,冠军才具有风采,冠亚军本来就是互为依存的条件,互为促进的酵素,何况中华书局还是一个出色的跟跑者。另一方面,亚军本身也具有内在的价值。在中国出版史上,商务印书馆作为出版的冠军与中华书局作为亚军,都有自己的席位,商务印书馆有商务印书馆的贡献,中华书局有中华书局的价值,它们都成为中国近代出版史不可缺少的部分。商务印书馆以夏瑞芳、张元济、高梦旦、王云五们的业绩,滋润了中国近代出版史,中华书局则以陆费逵、舒新城们的功劳,丰富了近代中国的文化多样,提供了一个构建后发优势永远进取的竞争模式。商务印书馆与中华书局两者,都以他们的数以千计、万计的出版物及其读者,影响了近世社会的阅读风尚,灌溉了中国近代的文化园地。

不可以想象,缺少中华书局的近代出版会是什么格局!

近世中国向有"商、中、世、大、开"五大出版社之说,商、中不言而喻,"世"是指世界书局,"大"为大东书局,"开"乃开明书店。在中华书局之后,还有世界书局、大东书局、开明书店等,也是名垂青史的出版机构。但平心而论,学界对于中华书局以及世、大、开的研究还相对不足,对于这样一种历史的欠缺,应该予以弥补。以历史的眼光而论,我们既为出版的冠军喝彩,也为出版的亚军鼓掌,或许还应该向季军们致意。

陆费逵研究文献

陆费逵:《教育文存》共 6 卷,中华书局 1922 年

陆费逵:《著作家之宗旨》(1906 年)

陆费逵:《论学部编纂之教科书》(1907 年),《出版史料》2010 年第 3 期

陆费逵:《中华书局宣言书》(1912 年)

陆费逵:《敬告民国教育总长》(1912 年)

陆费逵:《民国教育方针当采实用主义》(1912 年),陈学恂主编:《中国近代教育史教学参考资料》中册,人民教育出版社 1987 年

陆费逵:《实业家之修养》(1914 年)

陆费逵:《工商界做人之条件》(1922 年)

陆费逵:《书业商之修养》(1923 年)

陆费逵:《书业商会 20 周纪念册序》(1924 年)

陆费逵:《与舒新城论中国教科书史书》(1925 年),陈学恂主编:《中国近代教育史教学参考资料》上册,人民教育出版社 1987 年;张静庐辑注:《中国近代出版史料初编》,中华书局 1957 年;并见《中国编辑》2003 年第 2 期

陆费逵:《中华书局二十年之回顾》(1931 年),原刊《中华书局图书月刊》第 1 期,并见《回忆中华书局》上,中华书局 1987 年

陆费逵:《六十年来中国之出版业与印刷业》(1932 年),张静庐:《中国出版史料补编》,中华书局 1957 年,并见《出版史料》1992 年第 4 期

陆费逵:《影印古今图书集成缘起》(1934 年),张静庐辑注:《中国现代出版史料乙编》,中华书局 1957 年

陆费逵:《〈辞海〉编印缘起》,《辞海》,中华书局 1936 年

吕达主编:《陆费逵教育论著选》,人民教育出版社 2000 年(以上未具体注明出处者,是书均收录)

郑子展编:《陆费伯鸿先生年谱》油印本,1946 年;台湾中华书局 1977 年,以书局编辑部名义印行,有删节

舒新城:《陆费伯鸿先生生平述略》,见郑子展编:《陆费伯鸿先生年谱》油印本,1946 年;并见台湾中华书局 1977 年本,以书局编辑部名义印行,未注明是舒新城撰

金兆梓:《追忆陆费伯鸿先生》,见郑子展编:《陆费伯鸿先生年谱》油印本,1946 年,台湾中华书局 1977 年本未收录

吴铁声:《陆费逵》,摘自《我所知道的中华人》,《回忆中华书局》上,中华书局 1987 年

王云五:《悼念陆费伯鸿》,《出版史料》1992 年第 3 期

陆费铭琇:《我国近代教育和出版业的开拓者:回忆我的父亲陆费伯鸿》,《编辑学刊》1993 第 1 期

钱歌川:《追忆伯鸿先生》,《钱歌川散文》上册,中国广播电视出版社 1995 年

曹聚仁:《陆费伯鸿〈伯夷论〉》,《天一阁人物谈》,上海人民出版社 2000 年

俞筱尧、刘彦捷编:《陆费逵与中华书局》,中华书局 2002 年

熊尚厚:《陆费逵与早期中华书局》,《中国出版年鉴》1981 年;并见《回忆中华书局》上,中华书局 1987 年

王震:《陆费逵传略》,《中国社会科学家传略》第 4 辑,山西

人民出版社 1983 年

王震:《陆费逵年谱》,《出版史料》1991 年第 4 期,1992 年第 1 期

陆费铭中、陆费铭琇:《〈陆费逵年谱〉读后》,《出版史料》1994 年第 4 期

胡斌武:《陆费逵教育思想探析》,《上海教育科研》1994 年第 12 期

熊贤君:《黄炎培与陆费逵职业教育思想之比较》,《华中师范大学学报》(哲社版)1995 第 3 期

俞筱尧:《陆费伯鸿与中华书局》,《出版史研究》第 5—6 期;又见《文化史料》1997 年第 4 期

吴迪:《陆费逵与现代中国出版业》,《编辑之友》1998 年第 6 期

吴永贵:《现代出版家陆费逵》,《跨世纪出版业发展研究》,武汉大学出版社 2000 年

刘根勤:《陆费逵创设中华书局》,《民国春秋》2001 年第 2 期

汪家熔:《陆费逵:教育"减负"第一人》,《中国图书商报》2001 年 4 月 5 日

刘根勤:《陆费逵与中华书局》,《人物》2001 年第 6 期

俞筱尧:《陆费逵创办中华书局》,《文史知识》2002 年第 1 期

王均:《陆费逵与简俗字体》,《出版史料》2002 年第 4 期

汪家熔:《能在好上添好的陆费逵》,《出版史料》2002 年第 4 期

廖承琳:《陆费逵女子教育思想及对现实的启示》,《妇女研究论丛》2002 年第 6 期

张汉文:《陆费逵:现代著名的教育思想家和出版家》,《新闻出版交流》2002 年第 Z1 期

沈芝盈:《陆费逵》,《中国编辑》2003 年第 4 期

范军:《陆费逵的书刊广告艺术》,《编辑学刊》2003 年第 4 期

凡丁:《陆费逵的出版职业道德观》,华中师范大学出版科学研究中心编:《现代出版:理论与实务》(第二辑),华中师范大学出版社 2004 年

申作宏:《陆费逵的同业竞争策略》,《出版发行研究》2005 年第 4 期

汪家熔:《陆费逵人品和创办中华书局动机考辨》,《中国编辑》2006 年第 1 期

吴燕:《近现代上海出版业的竞争效应分析》,《编辑之友》2006 年第 1 期

曾文、应若平:《论陆费逵的生计教育思想》,《船山学刊》2006 年第 2 期

刘军、汤庆熹:《陆费逵职业教育思想论略》,《职业技术教育》(教科版)2006 年第 16 期

刘军、汤庆熹:《陆费逵论职业教育》,《中国职业技术教育》2006 年第 26 期

周其厚:《陆费逵与商务印书馆》,《山东科技大学学报(社会科学版)》2007 年第 3 期

周其厚:《陆费逵的优秀品质与历史地位——纪念陆费逵诞辰 120 周年、中华书局成立 95 周年》,《文史知识》2007 年第 4 期

陈明远:《陆费逵的经济状况》,《何以为生:文化名人的经济背景》,陈明远著,北京:新华出版社 2007 年

周国清、夏慧夷:《陆费逵的出版人才观及其践履》,《出版发行研究》2007 年第 9 期

吴永贵:《陆费逵:书商人格惟在一念之差》,《光明日报》2007 年 11 月 24 日

周其厚:《走近陆费逵》,《中华遗产》2007 年第 12 期

于江:《陆费逵:"救国图存,职教先行"的思想启蒙者》,《教育与职业》2008 年第 1 期

吴燕:《传奇人生的不平凡开章——中华书局创始人陆费逵早岁经历》,《出版科学》2008 年第 4 期

王有亮:《〈教育杂志〉创办动机考辨》,《教育学报》2009 年第 2 期

王有亮:《陆费逵与〈教育杂志〉的创办》,《中国教师》2009 年第 5 期

马小敏:《陆费逵与民初的中学教育》,《黑龙江史志》2009 年第 12 期

周其厚:《陆费逵与中华书局史实辨析》,《首都师范大学学报(社会科学版)》2010 年第 3 期

喻永庆:《论近代出版人的教育情结——以张元济、陆费逵为例》,《山西师大学报(社会科学版)》2010 年第 3 期

周其厚:《陆费逵与〈论学部编纂之教科书〉》,《出版史料》2010 年第 3 期

郭俊朝:《陆费逵教育思想研究》,河北大学 2004 硕士学位论文

安静:《陆费逵编辑出版思想研究》,河南大学 2007 硕士学位论文

张翮:《1912—1949 年中华书局的经营研究》,河南大学 2007 硕士学位论文

陈莉:《陆费逵出版经营思想研究》,兰州大学 2008 硕士学位论文

夏慧夷:《陆费逵的出版思想及其实践》,湖南师范大学 2008 硕士学位论文

附录四

主要参考文献

中华书局编:《民国三年春中华书局概况》,中华书局 1914 年

中华书局编:《中华书局五年概况》,中华书局 1916 年

中华书局编:《中华书局概况》,中华书局 1933 年

中华书局编:《中华书局股份有限公司概况》,中华书局 1936 年

《中华书局图书目录》(重编第 6 号,附文明书局图书目录),1937 年

中华书局股份有限公司董事会,《十年来之报告》,中华书局 1948 年

中华书局编辑部编:《回忆中华书局》(上、下册),中华书局 1987 年

中华书局编辑部编:《中华书局图书总目》(1912—1949),中华书局 1987 年

中华书局总编室编:《中华书局图书目录》(1949—1991),中华书局 1993 年

中华书局编辑部编:《中华书局收藏现代名人书信手迹》,中华书局 1992 年

中华书局编辑部编:《中华书局九十年纪念》,中华书局 2002 年

钱炳寰：《中华书局大事纪要（1912—1954）》，中华书局2002年

吴永贵：《中华书局与中国近代教育（1912—1949）》，武汉大学博士论文，2002年

中华书局编：《中华文化的过去现在和未来》（中华书局成立80周年纪念论文集），中华书局1992年

周其厚：《中华书局与近代文化》，中华书局2007年

《商务印书馆九十年》，商务印书馆1987年

《商务印书馆九十五年》，商务印书馆1992年

《商务印书馆一百年》，商务印书馆1998年

《商务印书馆大事记》（增订本），商务印书馆1998年

《商务印书馆通信录》，未刊，商务印书馆藏

王云五：《商务印书馆与新教育年谱》，商务印书馆（台湾）1973年

汪家熔：《商务印书馆史及其他》，中国书籍出版社1998年

李家驹：《上海商务印书馆与近代知识文化的传播和塑造》，香港中文大学2001年博士论文

《张元济日记》（全2册），商务印书馆1981年

张树年、张人凤编：《张元济书札》（修订本，全3册），商务印书馆1997年

张树年主编：《张元济年谱》，商务印书馆1991年

张树年：《我的父亲张元济》，东方出版中心（上海）1997年

叶宋曼瑛：《从翰林到出版家——张元济的生平与事业》（张人凤、邹振环译），商务印书馆（香港）1992年

董进泉等：《现代出版楷模张元济》，《大资本家传》第9册，时代文艺出版社

王建辉：《文化的商务——王云五专题研究》，商务印书馆2002年

陈原：《陈原出版文集》，中国书籍出版社1995年

《蔡元培全集》,浙江教育出版社 1997 年

张静庐辑注:《中国近代出版史料》初编、二编,中华书局 1957 年

张静庐辑注:《中国现代出版史料》甲、乙、丙、丁编,中华书局 1957—1959 年

张静庐辑注:《中国出版史料补编》,中华书局 1957 年

宋原放主编:《中国出版史料》(近代、现代部分,共 8 册),山东教育出版社、湖北教育出版社 2001—2004 年

王振铎主编:《中国当代出版史料》(共 8 卷),大象出版社 1999 年

《中华文史资料文库》第 16 卷,中国文史出版社 1996 年

《文史资料存稿选编》(共 36 卷),中国文史出版社 2002 年

茅盾:《我走过的道路》,人民文学出版社 1981 年

平心编:《生活全国总书目》,生活书店 1935 年

汪原放:《回忆亚东图书馆》,学林出版社 1983 年

俞筱尧:《书林随缘录》,中华书局 2002 年

《第一届全国出版会议纪念刊》,人民出版社 1951 年

陆费逵编辑:《上海书业商会图书月报》(1906 年创刊,共出三辑)

朱联保:《近现代上海出版业印象记》,学林出版社 1993 年

邹振环:《20 世纪上海翻译出版与文化变迁》,广西教育出版社 2000 年

宋原放、孙颙主编:《上海出版志》,上海社会科学出版社 2000 年

上海出版工作者协会等编:《我与上海出版》,学林出版社 1999 年

编纂委员会:《上海百年文化志》(三卷六册),上海科学技术文献出版社 2002 年

熊月之主编:《上海通史》第 15 卷,上海人民出版社 1999 年

王余光、吴永贵、阮阳:《中国新图书出版业的文化贡献》,武汉大学出版社 1998 年

汪家熔:《近代出版人的文化追求》,广西教育出版社 2003 年

王震、贺越明:《中国十大出版家》,书海出版社 1991 年

王建辉:《老出版人肖像》,江苏教育出版社 2003 年

王建辉:《王建辉自选集》,华中理工大学出版社 1999 年

王建辉:《出版与近代文明》,河南大学出版社 2006 年

叶再生:《中国近现代出版史》(共 4 册),华文出版社 2002 年

伍杰主编:《中文期刊大辞典》,北京大学出版社 2000 年

路英勇:《认同与互动——五四新文学出版研究》,安徽文艺出版社 2004 年

《最近三十五年之中国教育》,商务印书馆 1931 年

《第一次中国教育年鉴》,1934 年,1971 年台北传记文学出版社影印

《第二次中国教育年鉴》,1948 年

吕达、刘立德主编:《舒新城教育论著选》上下册,人民教育出版社 2004 年

舒新城:《中国近代教育史稿选存》,中华书局 1936 年

舒新城:《中国近代教育史资料》(上中下册),人民教育出版社 1961 年

陈学恂主编:《中国近代教育史教学参考资料》(上中下册),人民教育出版社 1987 年

陈学恂主编:《中国近代教育文选》,人民教育出版社 1983 年

课程教材研究所编:《20 世纪中国中小学课程标准·教学大纲汇编》,共 15 册,人民教育出版社 2001 年

王建军:《中国近代教科书发展研究》,广东教育出版社

1997 年

李华兴主编:《民国教育史》,上海教育出版社 1997 年

熊贤君:《千秋基业——中国近代义务教育研究》,华中师范大学出版社 1998 年

陈科美主编:《上海近代教育史》,上海教育出版社 2003 年

汪家熔:《民族魂——教科书变迁》,商务印书馆 2008 年

丁文江、赵丰田编:《梁启超年谱长编》,上海人民出版社 1983 年

高平叔:《蔡元培年谱长编》(全 4 册),人民教育出版社 1996—1998 年

高平叔等编注:《蔡元培书信集》(上下册),浙江教育出版社 2000 年

中国社会科学院近代史所中华民国史研究室编:《胡适日记》,中华书局 1985 年

中国社会科学院近代史所中华民国史研究室编:《胡适来往书信选》(全三册),中华书局(香港)1983 年

耿云志、欧阳哲生编:《胡适书信集》(上中下册),北京大学出版社 1996 年

胡颂平编著:《胡适之先生年谱长编初稿》(校订版,共 10 册),联经出版事业公司(台湾)1980 年

劳祖德整理:《郑孝胥日记》(全 5 册),中华书局 1993 年

吴学昭整理:《吴宓日记》(全 10 册),生活·读书·新知三联书店 1998 年

《舒新城日记》(1908—1960),未整理,上海辞书出版社图书馆藏,又部分刊于《出版史料》1987—1988 年诸期

《毛泽东新闻工作文选》,新华出版社 1984 年

《毛泽东在七大的报告和讲话集》,中央文献出版社 1995 年

中共中央文献研究室编:《周恩来文化文选》,中央文献出版社 1998 年

《胡乔木传》编写组编:《胡乔木谈新闻出版》,人民出版社1999年

《胡乔木传》编写组编:《胡乔木书信集》,人民出版社2002年

陈平原、王德威、商伟编:《晚明与晚清:历史传承与文化创新》,湖北教育出版社2002年

张仲礼主编:《近代上海城市研究》,上海人民出版社1990年

张仲礼主编:《中国近代城市企业·社会·空间》,上海社会科学出版社1998年

李侃:《近代传统与思想文化》,文化艺术出版社1990年

李侃:《李侃史论选集》,中华书局2002年

汪向荣:《中国的近代化与日本》,湖南人民出版社1987年

章开沅:《开拓者的足迹——张謇传稿》,中华书局1986年

章开沅、罗福惠主编:《比较中的审视:中国早期现代化研究》,浙江人民出版社1994年

马敏:《官商之间——社会剧变中的近代绅商》,天津人民出版社1995年

罗志田:《国家与学术:清季民初关于"国学"的思想论争》,生活·读书·新知三联书店2003年

周策纵:《五四运动:现代中国的思想革命》,江苏人民出版社1996年

郝斌、欧阳哲生主编:《五四运动与二十世纪的中国》,社会科学文献出版社2001年

罗荣渠主编:《从"西化"到现代化——五四以来有关中国的文化趋向和发展道路论争文选》,北京大学出版社1990年

罗荣渠、牛大勇编:《中国现代化历程的探索》,北京大学出版社1992年

忻平:《从上海发现历史——现代化进程中的上海人及其

社会生活》,上海人民出版社 1997 年

李欧梵著,毛尖译:《上海摩登———一种新都市文化在上海
(1930—1945)》,北京大学出版社 2001 年

葛壮:《宗教与近代上海社会的变迁》,上海书店出版社
1999 年

鲁湘元:《稿酬怎样搅动文坛》,红旗出版社 1998 年

陈明远:《文化人与钱》,百花文艺出版社 2001 年

马嘶:《百年冷暖:20 世纪中国知识分子的生活状况》,北京
图书馆出版社 2003 年

[英]丹尼斯·麦奎尔等:《大众传播模式论》(祝建华、武伟
译),上海译文出版社 1997 年

朱镕基主编:《管理现代化》,科学普及出版社 1983 年

《第 10 回国际出版学术会议宣言》(韩文本),汉城,2001 年

《蒋维乔日记》

王震:《舒新城传略》,《中国社会科学家传略》第 7 辑,山西
人民出版社 1985 年

李侃:《中华书局的七十年》,《近代传统与思想文化》,文化
艺术出版社 1990 年

陈平原:《书札中的文人与书局》,《书生意气》,汉语大词典
出版社 1996 年

徐雁平:《1921 年的文人与图书出版业》,《书海夜泊》,江
苏教育出版社 2001 年

孟悦:《商务印书馆创办人与上海近代印刷文化的社会构
成》,《学人》第四辑,江苏文艺出版社 1996 年

李侃:《论张元济》,《历史研究》1985 年第 1 期

熊月之:《略论晚清上海新型文化人的产生与汇聚》,《近代
史研究》1997 年第 4 期

陈蕴茜:《论社会心理对近代中国知识分子群体转型的影
响》,《南京大学学报》1997 年第 3 期

许纪霖：《中国知识分子群体人格的历史探索》，《走向未来》总第 1 期，1986 年

梁从诫：《不重合的圈——从百科全书看中西文化》，《走向未来》总第 2 期，1986 年

曾宪明、黄月琴：《论近代报刊与中国现代化意识的交互关系》，《湖北大学学报》2002 年第 2 期

报　刊

《申报》（上海）

《东方杂志》（上海）

《教育杂志》（上海）

《中华教育界》（上海）

《新中华》（上海）

《出版史料》（上海，1993 年 7 月终刊）

《出版史料》（北京，开明出版社 2001 年创刊）

《编辑学刊》（上海）

《出版参考》（北京）

《出版史研究》（1—6 辑，北京，中国书籍出版社）

《新文化史料》（北京）

《新文学史料》（北京）

《清末小说》（日本）

《新闻出版报》（北京）

《中华读书报》（北京）

《现代中国》（武汉，湖北教育出版社）

《近代史学刊》（武汉，华中师范大学出版社）

后　记

　　这可能是一本整旧如旧的新著,好在这个课题大概不会过时,因为它具有一种历久弥新的特性。

　　十多年前,我在撰写题为《文化的商务——王云五专题研究》的博士论文时,就联想到应该写一写陆费逵。在博士论文将要完成之际,我开始搜集有关陆费逵的资料,并在电脑里存储下最初的一些零星想法。中华书局与商务印书馆是中国出版的两大重镇,彼此的存在使对方具有了意义与价值。而王云五、陆费逵这两个人,既是近世并世而立的最重要的两家出版机构的主持人,也应该是具有某种关联性的历史人物。写了商务印书馆的一位总经理,再关注一下中华书局的一位总经理,正好可以作一点比较式的研究。

　　要找准一个研究的切入点还真不易。反复考虑之后,始觉得应将陆费逵与中华书局放在一起写,一来可以弥补资料不足的缺陷,陆费逵的资料比王云五要少得多,王云五比较珍视自己的行状,自己留下了许多资料,加上王要长寿许多,有足够的和稳定的时光来做有关修饰羽毛的事情;二来比较好确定陆费逵的定位,毕竟中华书局是陆费逵的一生事业,如前人金兆梓先生说,陆费逵能有这样的成就,固然需要依靠中华书局,但以中华书局来说,也需要依靠他。在资料研习过程中,又找到"教育与出版"的结合这个角度,自认或许可以作为一个最佳的切入点,一则是如要求得"文化与商务"的对应,"教育与出版"庶几近之,研究王云五发现"文化与商务"是最好的切入点,那么"教育与出版"的结合或许正是陆费逵在中国出版史上的典型意义。二则是"文化与商务"、"教育与出版"这两个命题，刚好构成了中国近代出版的两个出发点。这样解读，或许能够多一些新意。

关于商务印书馆及其重要人物的研究著作已有许多，我所见的也不下于30种，而关于中华书局的著作几乎还很少见到。这也是我考虑写这部著作的动因之一，中华书局理应引起重视。中国传统重冠军，而忽略亚军，重第一名而怠慢第二名。中华书局是中国近代出版的老二，不仅因为它是老二，从某种意义上说，因为有了中华书局这样一个竞争对手，才有商务印书馆的奋进。中华书局与商务印书馆的对垒，构成近代中国民营出版的基本格局，自有其特殊的单独的研究价值。陆费逵作为这家同样举足轻重的出版重镇的领军人物，也自有其特殊而可单独成为课题的研究意义。

困难既在于认识的不到位，更在于资料的搜集。前面说过陆费逵的资料少而又少，叶宋曼瑛在其研究张元济的著作中说张的资料极为有限，那么陆费逵的资料还不及张的零头。前面我也说过陆费逵与我研究过的王云五不同，陆费逵下世早，又不像王云五爱惜羽毛，生前并不注重自己的行状，王本人就留下许多资料，包括他的大部头的回忆录。五六年下来，有关陆费逵的资料旁搜远绍也才得到那么一点点。好在资料搜集和写作过程中得到许多朋友的帮助，他们帮助我查找和复印资料，启发我的思路。他们是中国社会科学院经济所叶坦、近代史所闻黎明、武汉大学吴平、华中师范大学王武子、中华书局黄松，以及出版界的老人戴文葆、俞筱尧等先生，台湾出版商王敦品先生。我还经巢峰先生之介，到原上海辞书出版社图书馆（前身是老中华书局图书馆）查阅了一些资料，承王有朋先生出示由陆费逵1906年编辑的《图书月报》第一期，这份刊物一共只编辑了三期，也出示了舒新城先生的全部日记手稿，这部手稿极有整理出版的价值，对研究陆费逵可以说是第一手的资料。2003年3月，我到浙江考察文化体制改革,挤出时间到浙江桐乡陆费逵图书馆。那天天色已晚,得到馆长及资料员朱莉韵女士的帮助,夜晚专场开放让我参观了有关陆费逵的陈列室,在那里见到了几张我不曾见到的图片,有的我用到这部著作里。

世界上的事总要有点压力。有了这个念头许多年,总是静不下心来。2002年新春过后,我遇到至那时为止最不顺心的一段日子。工作中的一些不顺心使人苦恼,不知道来自于何方的冷箭让我发怵。于是我发愤于读书写作中。2003年,我再一次被人以莫须有的两项"罪名"告到省里当局,这次相反,虽然这种烦恼让我将近三个月里有生以来不想读书,也不曾写过半个字,但摆脱困境自我振作的第一件事竟然是回到这一项学术研究中,写下的第一个词又是陆费逵。真该感谢那些给我苦恼的人,让我完成了这部早就想写的专著的大部,也考验了我对陆费逵研究的执著。记得在翻检资料时,见到《申报月刊》二卷一期有一位俞庆棠女士发表的文章,甚至将陆费逵跟爱迪生、高尔基等人并举,认为是"自己挣扎的模范"。在"自己挣扎"这一点上,我当时的境况倒有点相似。原以为能够在中华书局90华诞的纪念年里,完成这样一部出版史人物的专题研究,但因为以上说的这些烦人的事不能专心,而拖了下来,一拖就是若干年。这其间,我甚至还有一次近距离或者零距离接触中华书局的机缘。不过也好,时间延下来,这让我从容地思考许多问题,也陆续地发掘新的资料。在搁下来的几年间,对陆费逵的研究,逐步引起了人们的关注,但新资料的发掘却仍然是一大欠缺,而深入研究的进展似乎并不大,出于个人之力的系统的专题研究仍付阙如。

让这本书稿拖下来,还有一个很重要的原因。2004年省里让我主持长江出版集团的工作,这也是我未能零距离接触"中华"的因由。对于事功的追求,以及对一个文化人转型为企业家的角色认定,在几年当中让我忘了陆费逵,确切地说是陆费逵研究,虽然我做的事情或与之相通,也很能理解他在那个时代做事的艰难。加上这中间经历了一次搬家,苦的是数万册图书大搬家,资料挪了位重新找起来就麻烦了。到了21世纪的第二个十年,也就是中华书局将要百年诞辰之际,也由于我所主持的长江出版集团在上市方面有了关键性的进展,我才终于有心想着要把这部书尽快做完,并且利用了这一年难得的中秋国庆的十天长假,把这部书稿基本写完并修改完毕。复请我的同事章雪峰同志帮助通读一过,并将2003年以来有关陆费逵的研究论文目录做了一些增补,同时将业已发表的一篇《商务与中华:中国近代出版的冠军与亚军》增为附录。为何说是基本?乃是指我原本想能够写得更好些,资料发掘更充分一些,但时不我待,在中华书局百年诞辰之际,我把它以现在的大致可以的基本面目交给读者。我想等以后如有机会再作修订吧,这成了我的头一本愿意修订的书。修改完之后,真可以说句戏里的台词,"八年了"。

　　这也正应了一句老话,写作永远都是遗憾的艺术。

> 王建辉
> 2002年3月30日
> 2010年中秋国庆长假修改
> 2011年春节改毕